Securitização e política de exceção

Securitização e política de exceção

O excepcionalismo internacionalista
norte-americano na
Segunda Guerra do Iraque

Bárbara Vasconcellos de Carvalho Motta

Prêmio de melhor dissertação de mestrado no
Concurso de Teses e Dissertações em Relações
Internacionais da Associação Brasileira de Relações
Internacionais – Edição 2015

editora
unesp

© 2018 Editora Unesp

Direitos de publicação reservados à:

Fundação Editora da Unesp (FEU)
Praça da Sé, 108
01001-900 – São Paulo – SP
Tel.: (0xx11) 3242-7171
Fax: (0xx11) 3242-7172
www.editoraunesp.com.br
www.livrariaunesp.com.br
feu@editora.unesp.br

Dados Internacionais de Catalogação na Publicação (CIP) de acordo com ISBD
Elaborado por Odilio Hilario Moreira Junior – CRB-8/9949

M917s

Motta, Bárbara Vasconcellos de Carvalho
    Securitização e política de exceção: o excepcionalismo internacionalista norte-
-americano na Segunda Guerra do Iraque / Bárbara Vasconcellos de Carvalho.
– São Paulo: Editora Unesp, 2018.

    ISBN 978-85-393-0727-2

    1. Relações Internacionais. 2 Política Internacional. 3. Segurança inter-
nacional. 4. Guerra do Iraque. I. Título.

2018-445   CDD: 327.1
                                                       CDU: 327

As opiniões, hipóteses e conclusões ou recomendações expressas neste material são de
responsabilidade do(s) autor(es) e não necessariamente refletem a visão da FAPESP.

Editora afiliada:

Asociación de Editoriales Universitarias
de América Latina y el Caribe

Associação Brasileira de
Editoras Universitárias

A elas, Maria (in memoriam) *e Rosana, as mulheres da minha vida.*

SUMÁRIO

AGRADECIMENTOS

Aos meus pais, Ricardo e Rosana, pelo apoio incansável, pela torcida festiva e, sobretudo, por entenderem, com a tranquilidade e o carinho de sempre, que "navegar é preciso".

Ao meu orientador, professor Samuel Alves Soares, pelos questionamentos instigantes, pelos valiosos conselhos acadêmicos, por sua dedicação e principalmente por ter feito a diferença na minha decisão de seguir a carreira acadêmica.

Aos professores Héctor Saint-Pierre e Rafael Villa, que prontamente aceitaram participar das bancas de qualificação e de defesa da dissertação que deu origem a este livro, além de terem contribuído com profícuas sugestões e correções.

Aos membros do Gedes, e em especial aos amigos Diego, Matheus, Lívia, Raquel, Kimberly, Jonathan, Giovanna e Raphael pelas excelentes discussões e por comporem um grupo que ultrapassa os limites da simples convivência acadêmica.

A Graziela de Oliveira, pelo exemplo de generosidade e dedicação; pelo auxílio nas infinitas buscas bibliográficas; e principalmente pela palavra amiga a mim oferecida.

A Giovana Vieira e Isabela Silvestre, pela disponibilidade e atenção com que ajudam a todos na secretaria do Programa de Pós-Graduação em Relações Internacionais San Tiago Dantas.

À Capes, pelo financiamento da pesquisa.

E já tarde da noite
volta meu elefante,
mas volta fatigado,
as patas vacilantes
se desmancham no pó.
Ele não encontrou
o de que carecia,
o de que carecemos,
eu e meu elefante,
em que amo disfarçar-me.
Exausto de pesquisa,
caiu-lhe o vasto engenho
como simples papel.
A cola se dissolve
e todo o seu conteúdo
de perdão, de carícia,
de pluma, de algodão,
jorra sobre o tapete,
qual mito desmontado.
Amanhã recomeço.

Carlos Drummond de Andrade,
"O elefante"

LISTA DE ABREVIAÇÕES E SIGLAS

AIEA – Agência Internacional de Energia Atômica

ADM – Armas de destruição em massa

EC – Escola de Copenhague

CSNU – Conselho de Segurança das Nações Unidas

GWoT – Global War on Terror [Guerra Global ao Terror]

NSS – National Security Strategy [Estratégia de Segurança Nacional]

ONU – Organização das Nações Unidas

Opep – Organização dos Países Exportadores de Petróleo

Otan – Organização do Tratado do Atlântico Norte

PNAC – Project for the New American Century [Projeto para o Novo Século Norte-Americano]

UNMOVIC – United Nations Monitoring, Verification and Inspection Commission [Comissão das Nações Unidas de Vigilância, Verificação e Inspeção]

UNSCOM – United Nations Special Commission [Comissão Especial das Nações Unidas]

INTRODUÇÃO

O que precisamos, sobretudo, é deixar que o sentido escolha a palavra, e não o contrário.

George Orwell, *A política e a língua inglesa*

A EXTINÇÃO DA SEGUNDA GRANDE POTÊNCIA no cenário internacional, após o fim da Guerra Fria, possibilitou aos Estados Unidos reforçar um papel, à época já latente, de universalizar princípios e valores. O aprofundamento e a exploração dessa moral universalizante tornam-se um aspecto fundamental para compreender a atuação dos Estados Unidos, principalmente no âmbito de suas relações internacionais.

Ao ressurgir, no cenário político norte-americano, um grupo cujo aparato intelectual baseia-se justamente na reafirmação da superioridade dos Estados Unidos, tal pretensão ao "imperialismo do universal" (Bourdieu, 2003) se tornará ainda mais evidente. Nesse sentido, o contexto histórico-político de medo e ânsia de vingança, emergido após os ataques terroristas de 11 de setembro, contribuiu para o ressurgimento do neoconservadorismo como um importante movimento na paisagem política dos Estados Unidos e ofereceu as bases para a reinserção de seu projeto de ação externa, o qual atendia às necessidades internas de uma resposta imediata aos atentados. Exacerbando essa percepção do excepcionalismo norte--americano, em grande parte fundamentada na visão de superioridade daquele país em termos econômicos e militares e, principalmente, na valorização de sua Constituição e de suas instituições democráticas, os neoconservadores vão propor um projeto de política externa que é não apenas reativo ao 11 de setembro, mas também calcado em um internacionalismo extremado, cujo objetivo é a manutenção da supremacia norte-americana por meio de um plano intervencionista militar sempre à disposição.

Para o neoconservadorismo, um contexto internacional que confronte ou ponha em xeque esse pretenso imperialismo do universal deve ser constrangido pelos Estados Unidos, na medida em que o momento unipolar vivido no pós-Guerra Fria precisa ser preservado e aproveitado ao máximo. Ainda que a expressão "imperialismo do universal" não tenha sido cunhada pelos neoconservadores, sua utilização se encaixa na proposta de ação externa veiculada por eles, pois abarca duas de suas ideias principais: a primeira é a de que os interesses dos Estados Unidos convergem com os interesses da comunidade internacional, enquanto a segunda se liga à noção de "império benevolente", em que afirmam que os Estados Unidos são o único país que assume como sua a responsabilidade de manter a ordem internacional e o único capaz de internalizar como seus os interesses dos demais países.

Com esse excepcionalismo internacionalista, os neoconservadores levaram ao extremo duas características da política externa norte-americana que se alternam historicamente: a ação missionária e a ação pelo exemplo. Em uma mesma proposta eles combinam a necessidade de os Estados Unidos darem o exemplo, e serem seguidos como tal, com aquela da projeção indispensável do modelo democrático norte-americano para outros países, sob a perspectiva de que uma ordem internacional mais segura é aquela formada por regimes democráticos. Essa exacerbação da busca por segurança, reforçada pelo contexto pós-11/09 e traduzida pelo neoconservadorismo em uma ação internacional assertiva, fez com que o combate ao terrorismo extrapolasse o recurso às agências policiais e de inteligência nacionais e internacionais e se transformasse em uma guerra global. Da disputa abstrata, estabelecida no campo das ideias, em que os discursos norte-americanos na Guerra ao Terror estabeleciam a dicotomia entre o "nós, os bons" *versus* "eles, os ímpios", o combate ao terrorismo se desdobrou na via militar estabelecida nas intervenções do Afeganistão e do Iraque.

Mesmo não tendo nenhuma prova concreta da suposta ligação com a Al Qaeda ou com o terrorismo em si e os ataques em Nova York e Washington, o caso iraquiano foi anexado a essa lógica para favorecer a construção de um cenário que fundamentasse uma ação militar. Os Estados Unidos se apropriaram do discurso de combate ao terrorismo para qualificar a intervenção no Iraque como justificável do ponto de vista de sua própria segurança nacional e da segurança internacional. A securitização do Iraque, ou seja, o tratamento dessa questão pela via da emergência e da excepcionalidade, também se deu pelo entendimento norte-americano de que a existência de um regime tal qual o de Saddam Hussein era uma afronta a eles e à comunidade internacional.

A importância de se trabalhar com a perspectiva da securitização nesse caso específico não se revela apenas na constatação do recurso à exceção e a medidas emergenciais, mas principalmente na construção discursiva de um objeto que se reporta ao campo da segurança. A linguagem, ponto de partida da Escola de Copenhague (EC), serviu para adjetivar o Iraque como ameaça, ainda que a real verificabilidade dessa ameaça fosse questionável. Dessa forma, como pano de fundo que permeia todo este livro, tanto na sua avaliação teórica quanto empírica, encontra-se uma reflexão sobre as capacidades e os limites do discurso como mecanismo desencadeador de um processo de securitização – seria *apenas* o discurso o gatilho capaz de deflagrar uma percepção securitizante de uma questão? Ou, de maneira mais complexa, a ele devem ser incorporados outros fatores para uma avaliação holística da securitização como processo de fato intersubjetivo? Com este trabalho, pretendemos entender dois momentos desse processo de securitização. Em primeiro lugar, a construção ideacional que possibilitou incluir o Iraque como um inimigo a mais na Guerra Global ao Terror e convencer a audiência interna norte-americana para que houvesse autorização do uso da força. De posse dessa compreensão, temos por objetivo, em um segundo momento, traçar como se desenvolveu o processo de que se valeram os Estados Unidos, o maior interessado na política de securitização, para convencer agora outra audiência, o Conselho de Segurança da ONU, bem como sua reação, ou seja, como se comportou essa audiência no processo de negociação. Ademais, a partir dos testes empíricos a que submetemos a teoria de securitização, procuramos também apresentar suas contribuições para a expansão da área de segurança, além de problematizar alguns de seus aspectos que consideramos limitações ou inconsistências.

O primeiro capítulo desta obra, trata da teoria de securitização trazida pela EC, em especial os aspectos que contribuíram para o alargamento ontológico e epistemológico dos estudos sobre segurança e, acima de tudo, em suas antinomias e fragilidades explicativas. No início do capítulo elabora-se uma genealogia das matrizes intelectuais que serviram de base para a criação da teoria de securitização, refletindo sobre como a incorporação dessas diversas influências reverberou na sua formação e quais as consequências desse ecletismo intelectual para seu *framework* de análise. Em seguida, identificam-se importantes limites conceituais da teoria, tais como: o confuso entendimento acerca do estatuto conferido à linguagem na securitização; a baixa problematização da variável do agente securitizador; a indefinição da variável da audiência; a carência de uma avaliação contextual da securitização; e a controversa definição da securitização como um processo que retira uma questão do campo da política e a eleva a outro patamar, denominado por Wæver (1995) "política do pânico".

O segundo capítulo aborda primeiramente a construção ideacional neoconservadora que possibilitou uma aceitação, pela audiência interna dos Estados Unidos, da ação militar no Iraque. Dessa forma, abrimos o capítulo com uma breve historiografia do movimento neoconservador e seu processo de inserção na política norte-americana até o momento de seu segundo auge, em que o contexto posterior aos ataques terroristas do 11 de setembro lhe possibilitou reverberar suas ideias no núcleo central de tomada de decisões dos Estados Unidos e traduzi-las em ações políticas concretas. Para uma compreensão das bases intelectuais que conformaram esse processo de convencimento da audiência interna, dividimos as ideias neoconservadoras em três pilares centrais: a necessidade de uma ação externa pautada em um excepcionalismo internacionalista; a valorização do unilateralismo e a importância da capacidade militar; e a difusão internacional obrigatória dos valores liberais-democráticos. Após essa contextualização, nos debruçamos sobre a avaliação empírica da teoria de securitização na audiência do Congresso norte-americano.

O terceiro capítulo se dedica à avaliação empírica da teoria de securitização no Conselho de Segurança da ONU. Para tanto, inicialmente propomos uma análise histórico-política que perpassa a conjuntura intelectual do pós-Guerra Fria e desemboca na securitização internacional do terrorismo, especificamente no caso afegão. Nesse caso em especial, os Estados Unidos puderam confirmar a acolhida internacional à decisão de tratar o Iraque também pela via militar. Tal decisão era corroborada ainda pelos antecedentes, que remontam à Primeira Guerra do Golfo, das relações entre Estados Unidos, Iraque e a comunidade internacional, representada na figura da ONU e seu Conselho de Segurança. Após situarmos espacialmente o movimento de securitização, pretendemos, nesse terceiro capítulo, examinar de fato o processo de securitização estabelecido nas idas e vindas entre agente securitizador e audiência, identificando as estratégias discursivas utilizadas e as intenções dos atores ao longo de todo esse processo.

A temática do excepcionalismo internacionalista norte-americano ressurge no último capítulo ao lado dos testes empíricos realizados de acordo com a teoria de securitização. A partir deles, apresentamos nossas percepções e conclusões acerca das contribuições explicativas dessa teoria, além de suas limitações e inconsistências.

1. A ESCOLA DE COPENHAGUE E A TEORIA DE SECURITIZAÇÃO

La parole est moitié à celuy qui parle, moitié à celuy qui l'escoute. Cestuy-cy se doibt preparer à la recevoir, selon le branle qu'elle prend. Comme entre ceux qui joüent à la paume, celuy qui soustient, se desmarche et s'appreste, selon qu'il voit remuer celuy qui luy jette le coup, et selon la forme du coup.[1]

Michel de Montaigne, *Ensaios*

As fundações intelectuais da Teoria de Securitização e suas contribuições para o campo da segurança internacional

A GÊNESE DOS ESTUDOS DE SEGURANÇA se encontra no paradigma realista das relações internacionais, em grande parte devido à capacidade dessa corrente teórica

||||||||||||

1 A palavra é metade de quem fala e metade de quem a escuta. Este deve se preparar para recebê-la, segundo o movimento que ela faz. Assim como, entre os que jogam tênis, quem recebe a bola recua e prepara-se, de acordo com os movimentos daquele que lhe manda a bola e com o modo em que foi realizado o lançamento.

para compreender o momento histórico que vai do fim da Primeira Guerra Mundial à eclosão da Segunda. Ao longo do tempo, esse campo das relações internacionais – originalmente marcado pela forte presença da via tradicionalista, que se ancora nas perspectivas (neo) realista e (neo)liberal – foi se transformando e abrindo espaço para a consideração de novas ontologias, epistemologias e metodologias.

Por volta dos anos 1980 e 1990 surgiram as abordagens pós-positivistas no campo das relações internacionais, com o objetivo de apresentar alternativas às teorias tradicionalistas. Ainda que muito heterogêneas e com propostas diferentes sobre qual seria a melhor solução para os limites das perspectivas *mainstream*, essas teorias foram agrupadas sob o epíteto "pós-positivista" devido à convergência de suas críticas.

A primeira crítica geral se refere à centralidade do Estado – verificada nas teorias (neo)realistas e (neo)liberais – para a qual é proposto como solução o alargamento teórico além do viés *estadocêntrico*. Uma segunda convergência pode ser verificada com relação à utilização de uma metodologia positivista e estrutural nas ciências sociais, em que a análise é baseada na identificação de regularidades conformadas pela existência de uma estrutura superior aos Estados. Os pós-positivistas afirmam que essa análise é falha na medida em que desconsidera a história, ao mesmo tempo que marginaliza as particularidades de cada sociedade e de cada momento histórico (Buzan; Hansen, 2012).

Essa apreciação reflexiva reverberou também em outros campos da disciplina, como nos estudos de segurança. Assim, aspectos subjetivos, tais como *identidade* e *percepção*,[2] entre outros, passaram a ser considerados em um campo que anteriormente era orientado

||||||||||||

2 Importante ressaltar que as abordagens positivistas, de certa forma, já consideravam as questões de identidade e percepção para a avaliação da segurança internacional. Entretanto, as abordagens pós-positivistas trazem como contribuição uma mudança ontológica e epistemológica no tratamento dessas mesmas questões.

por uma concepção de segurança que parte da avaliação das capacidades objetivas dos Estados e por critérios exclusivos de racionalidade instrumental. Por não abarcar a questão da intersubjetividade, verifica-se que o reducionismo apresentado pelas teorias positivistas impede uma compreensão holística do conceito de segurança. Com o surgimento de novas correntes, como o construtivismo e o pós-estruturalismo, a teoria de relações internacionais e os estudos de segurança se aproximaram de outras ciências humanas.

No livro *Security: A New Framework for Analysis*, Buzan, Wæver e De Wilde (1998) propõem uma nova abordagem para a questão da segurança que se apresenta como uma terceira via entre tradicionalistas e reflexivistas, de maneira a conciliar em um mesmo arcabouço teórico proposições de ambos entendimentos. Nesse sentido, os autores compreendem o argumento tradicionalista de que uma expansão do escopo da segurança além do setor militar e da centralidade do Estado poderia gerar uma incoerência intelectual para o campo. Mas, ainda assim, não concordam que a melhor forma de se lidar com essa contingência seja pelo confinamento do escopo de análise. O fato de se pôr em uma posição intermediária – a qual encampa o setor militar e o ente estatal e, no entanto, vai além deles – possibilitou à Escola de Copenhague (EC) bons e maus frutos. Um exemplo de resultado positivo foi a considerável reverberação e notoriedade que lhe conferiu tal postura, ainda que, da perspectiva negativa, tenha lhe rendido críticas tanto do *mainstream* quanto das demais teorias.

Nosso objetivo neste capítulo é revisitar a teoria da EC para apresentar as fontes intelectuais que influenciaram sua constituição, as suas contribuições para o campo e, posteriormente, os questionamentos e as inconsistências verificadas por teóricos de orientação construtivista e pós-estruturalista.

Ao abrir espaço para novas agendas, sem deixar de lado algumas perspectivas mais tradicionalistas, a EC conseguiu inserir novas ontologias e epistemologias em sua análise, como a figura do discurso e os novos entes não estatais no papel de agentes no sistema internacional. Dessa forma, permitiu-se uma melhor compreensão sobre como nascem e morrem as ameaças no campo da segurança internacional. Em resumo, ela ajudou a conferir maior visibilidade a essas novas vertentes, deslocando-as de seu anterior posicionamento teórico marginal. Acreditamos que, justamente por essa característica, como mostra o gráfico a seguir, a proposta teórica da securitização teve uma considerável repercussão ao longo dos anos de 2000 a 2009, principalmente nos trabalhos apresentados na International Studies Association (ISA).

FIGURA 1.1. AUMENTO DO NÚMERO DE ARTIGOS COM O TERMO DE-/SECURITIZAÇÃO NO TÍTULO

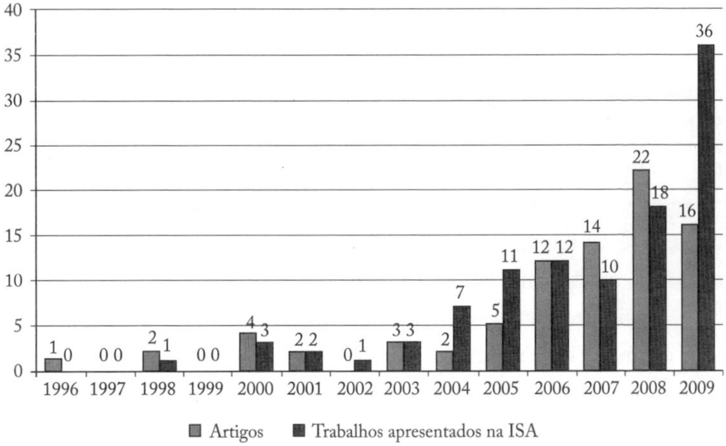

Ano	Artigos	Trabalhos apresentados na ISA
1996	1	0
1997	0	0
1998	2	1
1999	0	0
2000	4	3
2001	2	2
2002	0	1
2003	3	3
2004	2	7
2005	5	11
2006	12	12
2007	14	10
2008	22	18
2009	16	36

Fonte: Gad; Petersen, 2001.

A proposta do livro supracitado é explorar, dentro da chamada "virada linguística", a utilização da linguagem (seja ela oral ou textual) e incorporá-la aos estudos de segurança para articular o conceito de securitização cunhado pelos autores. Assim, a prática discursiva é, no arcabouço teórico da EC, uma ferramenta fundamental para a construção do movimento de securitização. De acordo com essa escola, o movimento securitizante se inicia por meio de uma representação discursiva, a qual sinaliza a existência de uma ameaça que, devido a seu caráter urgente, não pode e não deve ser tratada pelas vias normais da política, pois requer medidas extraordinárias e emergenciais. A conclusão desse movimento se dá pela aceitação e consequente legitimação da necessidade de tais medidas frente a uma audiência.

O processo de securitização se baseia, então, em três principais variáveis: o objeto referente, o agente securitizador e a audiência. Em resumo, o objeto referente é aquilo que é percebido por um ou mais atores como uma ameaça, representando, portanto, o objeto a ser securitizado; o agente securitizador, por sua vez, é o ator que, por meio do discurso, tentará apresentar o objeto referente como ameaça, buscando, assim, uma autorização da audiência para adotar medidas emergenciais; já a audiência é o *locus* capaz de legitimar ações excepcionais para assim promover uma conclusão – bem ou malsucedida – desse processo. É importante notar que para a EC o sucesso da securitização não está necessariamente atrelado ao estabelecimento de medidas emergenciais, mas apenas à capacidade que o discurso tem de ganhar suficiente ressonância em relação a uma ameaça existencial, viabilizando a criação de uma plataforma que legitime tais ações. Ainda de acordo com Buzan, Wæver e De Wilde:

> O caminho para estudar a securitização é através do estudo do discurso e das constelações políticas:[3] quando um argumento, com sua estrutura semiótica e retórica particular, produz um efeito suficiente para fazer que uma audiência tolere violações de regras as quais, de outra forma, deveriam ser obedecidas? Se por meio de um argumento sobre a prioridade e a urgência de uma ameaça existencial o agente securitizador resolve passar livremente por cima de procedimentos ou regras a que ele ou ela em outro

||||||||||||

3 A ideia de constelações políticas é brevemente exposta no livro de 1998 de Buzan, Wæver e De Wilde, que apresenta a teoria de securitização, mas depois é retomada e aprofundada por Buzan e Wæver (2009).

momento estariam presos, nós estamos testemunhando um caso de securitização. (Buzan; Wæver; De Wilde, 1998, p.25)[4]

O *kick start*[5] para o processo de securitização ocorre a partir do *speech act*, ou seja, do ato de fala em que um ator invoca a questão da segurança. O simples ato de fala, entretanto, não é suficiente para que uma questão seja securitizada, sendo necessário ainda que ele seja aceito por uma audiência (Buzan; Wæver; De Wilde, 1998). Nessa dinâmica, o ator (ou os atores) que invoca a securitização necessita de poder e capacidade no cenário internacional para articular politicamente, junto aos demais atores, o convencimento da urgência de sua queixa. Somente assim a securitização poderá se realizar plenamente. Nesse processo, pouco importa se a ameaça percebida é de fato real ou não; o que importa, na verdade, é que ela seja apresentada discursivamente como tal por um agente securitizador e que essa apresentação seja bem-sucedida a ponto de produzir convencimento.

De acordo com Buzan, Wæver e De Wilde (1998), uma vez que a segurança pode ser acionada por uma estrutura discursiva, ela não pode ser avaliada apenas de maneira objetiva. A comprovação ou não da existência real de uma ameaça por critérios objetivos é aspecto secundário para a EC, na medida em que o que conta de fato são as

||||||||||||

4　No original: "The way to study securitization is to study discourse and political constellations: When does an argument with this particular rhetorical and semiotic structure achieve sufficient effect to make an audience tolerate violations of rules that would otherwise have to be obeyed? If by means of an argument about the priority and urgency of an existential threat the securitizing actor has managed to break free of procedures or rules he or she would otherwise be bound by, we are witnessing a case of securitization". (N. E.: Todas as citações seguintes que trouxerem texto em idioma original na nota são traduções da autora.)

5　Literalmente, "pontapé inicial": referência à alavanca, ou pedal, que se utiliza para dar a partida em motores como o da motocicleta. A utilização dessa metáfora para a securitização é interessante, pois confere ao movimento o caráter de engrenagem (que se põe em funcionamento por meio de uma alavanca), a qual mobiliza todo um processo em cadeia quase inevitável. No caso da securitização, dá-se início ao curto processo cuja etapa seguinte e última é a aceitação da audiência.

percepções dos atores com relação a uma questão. A verificação de uma dinâmica de (in)segurança derivaria de um processo de construção social iniciado por meio da elocução de um ato de fala, o que revela uma clara prevalência na consideração de critérios subjetivos em relação aos objetivos. De acordo com Wæver (2011, p.9), "muitas ameaças reais existem, mas elas não vêm com um rótulo de segurança anexado. Securitização significa uma forma particular de lidar com uma questão particular, processando uma ameaça através do formato da segurança".[6] Dessa forma, a qualificação de uma questão como de segurança decorre diretamente de seu entendimento como uma ameaça, e não da ameaça em si.

Uma das grandes contribuições da EC para o campo consiste justamente na possibilidade de se empregar o discurso como variável que inaugura e funda uma prática de securitização. As ameaças são, portanto, construídas no discurso e pelo discurso. Dessa forma, a teoria de securitização não se fixa na natureza específica da ameaça, uma vez que seu núcleo central é a proposta de se explicar como as ameaças são construídas discursivamente.

Há ainda, para a teoria, um escalonamento na identificação de questões como ameaças (ou não) que varia do não politizado ao politizado e daí para o securitizado. Assim, (i) a não politização ocorre quando uma questão se encontra fora das discussões e decisões políticas; (ii) enquanto a politização, por sua vez, é identificada pela consideração – por exemplo, por um Estado – de assuntos que serão tratados por meio de políticas públicas; (iii) já a securitização, para a EC, se dá quando há a necessidade de ultrapassar a esfera normal de decisões políticas e avançar no sentido da adoção de medidas excepcionais sobre uma situação específica. Para uma melhor visualização desse gradiente, ver figura a seguir:

||||||||||||

6 No original: "Lots of real threats exist, but they do not come with the security label attached. Securitization ultimately means a particular way of handling a particular issue, processing a threat through the security format".

FIGURA 1.2. GRADAÇÃO DA QUALIFICAÇÃO DE AMEAÇAS

Fonte: A autora, a partir de modelo construído por Buzan, Wæver e De Wilde (1998).

A EC também trabalha com uma abordagem multissetorial da segurança, em que identifica a existência de cinco setores: (i) militar; (ii) político; (iii) econômico; (iv) societal; e (v) ambiental. Com essa abordagem, a EC propõe um alargamento do escopo de atores do processo de securitização que vai além da tradicional agenda político-militar sem, entretanto, deixar de contemplá-la. Justifica-se assim a expansão dos setores referentes aos estudos de segurança na medida em que ela é percebida como um processo dinâmico construído pelas relações agente-estrutura (Buzan; Wæver; De Wilde, 1998).

Foi dessa forma que a securitização "resolveu" o impasse do debate que pretendia expandir as fronteiras da segurança. Até a invenção do conceito de securitização, "expandir a segurança" requeria especificar ou o ator (o Estado) ou o setor (militar), ou arriscar a armadilha do "tudo se torna segurança". A teoria de securitização lidou com esse problema por meio da fixação da forma: sempre que algo tomar a forma de um ato de fala de securitização particular, com um ator securitizador alegando existência de uma ameaça existencial para um objeto referente valioso, de forma a fazer que audiência tolere medidas extraordinárias, as quais, do contrário, não seriam aceitas, tratou-se de um caso de securitização; dessa forma, é possível "jogar a rede" por entre todos os setores e todos os atores e, ainda assim, não "pescar", com esse movimento, tudo o que estiver à disposição, mas apenas a parte da segurança. Como resultado, no entanto, a fixação da segurança em uma forma definida se torna inflexível. (Wæver, 2011, p.6)[7]

||||||||||||

7   No original: "This was how securitization theory 'solved' the widening impasse. Until the invention of the concept of securitization, 'widening security' had to specify

A influência discursiva do *speech act* na teoria de securitização pode ser claramente identificada como uma herança do pensamento de John Langshaw Austin, filósofo da linguagem considerado o pai da Teoria do Ato de Fala. O pensamento austiniano se propõe a preencher uma falha identificada no pensamento filosófico sobre a consideração de representações discursivas: a apreciação apenas descritiva de enunciados, em que estes são avaliados como relatores de um "estado de coisas" e por isso seguem uma lógica dicotômica de avaliação verdadeiro *versus* falso.

De acordo com Austin (1962), enunciados que são utilizados para protagonizar uma ação e, portanto, não podem ser enquadrados nesse raciocínio verdadeiro/falso foram erroneamente desconsiderados pela filosofia da linguagem. Para que a emissão dessa espécie de *statement* (declaração) – denominada por Austin *performative utterances* (enunciados performativos) ou *performative speech acts* [atos de fala performativos] – seja entendida como a executante de uma ação, ela precisa atender a duas condições: "(a) eles [os enunciados] não 'descrevem', 'reportam' ou constatam nada, não são verdadeiros ou falsos; (b) e a enunciação dessa sentença é o, ou ao menos é parte do, ato de realizar uma ação, em que ela não poderia ser descrita apenas como o ato de falar algo" (Austin, 1962, p.5).

Como exemplos do discurso enquanto executante de uma performance, Austin se refere, entre outros, ao casamento e à realização de uma aposta. Em ambos os casos, a simples enunciação de frases

||||||||||||

either the actor (the state) or the sector (military), or else risk the 'everything becomes security' trap. Securitization theory handled this problem by fixing form: whenever something took the form of the particular speech act of securitization, with a securitizing actor claiming an existential threat to a valued referent object in order to make the audience tolerate extraordinary measures that otherwise would not have been acceptable, this was a case of securitization; in this way, one could 'throw the net' across all sectors and all actors and still not drag in everything with the catch, only the security part. As a result, however, the fixation of security in definite form became inflexible".

como *eu aceito* ou *eu aposto* por si só já inauguram a concretização dessas ações. Ele identifica então três diferentes tipos de *speech act*: o locucionário, o elocucionário e o perlocucionário. O primeiro consiste na expressão verbal ou escrita de um discurso que contenha um dado sentido e uma referência, como na frase "ele me *disse* para atirar nela"[8] (Austin, 1962, p.101), enquanto o segundo ato de fala vai além e se refere a um enunciado também com um sentido e uma referência, porém dotado de uma força performativa, como na sentença "ele *insistiu* (ou aconselhou, ordenou etc.) para que eu atirasse nela"[9] (Austin, 1962, p.101). O ato de fala perlocucionário consiste em um enunciado que não só possui sentido e força performativa, mas que principalmente traz à tona a concretização dos efeitos intrínsecos ao enunciado, de acordo com o exemplo "ele me *convenceu* a atirar nela"[10] (Austin, 1962, p.101). Segundo Austin, essa gradação das diferentes formas do uso da linguagem pode ser mais facilmente ilustrada pela identificação dos atos com os seguintes movimentos: o ato locucionário como *ele disse que*; do ato elocucionário como *ele argumentou que*; e do ato perlocucionário como *ele me convenceu que*.[11]

Austin (1962) estabelece também seis condições necessárias para que o *speech act* seja bem-sucedido. Em resumo, a primeira condição é que o ato de fala esteja alinhado com procedimentos convencionais geralmente aceitos, como o uso de certas palavras, por indivíduos específicos, em situações também específicas. O segundo requisito é que as pessoas e circunstâncias em um dado caso devem ser adequadas para evocação de um procedimento particular. Já a terceira e a quarta condições requerem que o procedimento seja executado por

||||||||||||

8　No original: "he said to me to 'shoot her'". Grifo nosso.
9　No original: "he urged (or advised, ordered, etc.) me to shoot her". Grifo nosso.
10　No original: "he persuaded me to shoot her". Grifo nosso.
11　Ou ainda, como sintetizado por Habermas (apud Balzacq, 2011), essa tríade pode ser expressa de acordo com a seguinte sentença: "o ato de dizer algo, o comportamento ou a forma de se dizer algo e a produção de resultados por meio do ato de ter dito algo".

todos os participantes de forma correta e completa. A quinta premissa, por sua vez, postula que os pensamentos e sentimentos daquele que invoca o procedimento precisam estar de acordo com sua enunciação, enquanto a sexta exige que o enunciador do ato de fala tenha a intenção de manter sua conduta em conformidade com sua enunciação.

Ainda que a teoria de securitização não incorpore explicitamente essas seis condições no seu arcabouço teórico, a consideração de ao menos as quatro[12] primeiras premissas estabelecidas por Austin possibilita um entendimento mais claro sobre o processo de securitização. Por meio delas, incorpora-se à noção de ato de fala a necessidade de um conjunto particular de representações discursivas, uma situação propícia e a presença de atores com capacidade para fazer reverberar um dado *speech act*. Nessa avaliação, o ato de fala é em si e por si só uma variável vazia no que se refere a capacidades performativas. Ao aprofundar a teorização da variável do agente securitizador, tais condições não só contribuem para uma melhor compreensão de como o movimento será possivelmente delineado e da favorabilidade em termos de aceitação pela audiência, como também, e principalmente, reforçam o caráter de intersubjetividade pretendido pela EC com a teoria de securitização.

||||||||||||

12 A referência apenas às quatro primeiras premissas se dá pelo nosso entendimento de que a quinta delas é extremamente subjetiva e de pouco acréscimo teórico-conceitual para a teoria de securitização, já que nela pouco importa se sentimentos e pensamentos daquele que evoca o ato de fala estão de acordo com sua enunciação, desde que tal enunciação tenha força performática suficiente para convencer uma audiência. De acordo com Taureck (2006), a desconsideração dessa premissa não anula o ato de fala como fundante da securitização, na medida em que ela pode, ainda assim, ser bem-sucedida, mesmo quando o ator securitizador não é sincero em sua enunciação. Essa condição, afirma a autora, pode ser interessante para futuros trabalhos sobre a teoria de securitização que pretendam avaliar a existência de securitizações positivas e negativas. Sobre a sexta exigência, como exploraremos mais à frente, poderíamos questionar se a conclusão do movimento de securitização reside na (ou apenas na) aceitação por uma audiência ou na adoção de uma conduta securitizante (adoção de medidas emergenciais e excepcionais) pelo agente securitizador.

Dessa maneira, a formulação da Teoria do Ato de Fala desenvolvida por Austin (1962) permite à EC trazer uma consideração discursiva para a área de segurança, sob a lógica de que a simples emissão da palavra *segurança* já aciona o gatilho desencadeador do movimento de securitização. Uma segunda contribuição do pensamento austiniano, mesmo que extrapolando o arcabouço apresentado por Buzan, Wæver e De Wilde (1998), seria o entendimento de quando e como os atos de fala funcionam ou falham.

A influência do pensamento de Derrida, embora não tão explícita quanto a de Austin, também pode ser verificada na teoria de securitização. Derrida critica o trabalho de Austin ao afirmar que, em sua proposição filosófica do ato de fala, a questão do contexto é apresentada de maneira fixa, quando, na verdade, todo contexto encontra-se sempre em fluxo. Para Derrida, a falha ou o sucesso da performance do ato de fala não podem ser avaliados com base na experiência porque, ao perceber o contexto como algo em fluxo, toda enunciação e todo contexto são elementos sujeitos a uma difusão de significados; ou seja, são sujeitos a um processo em que o contexto original sofre alterações (Taureck, 2006). Assim, todos os contextos estariam submetidos, nas palavras do próprio filósofo, a uma constante "polissemia irredutível" (Derrida, 1982, p.322).

A contribuição do pensamento derridariano para a teoria de securitização está na transferência de seu entendimento da linguagem para a avaliação da segurança. De acordo com Derrida, "[il] n'y a pas hors-texte" (Derrida, 1967, p.227), ou seja, "não há nada fora do texto". Assim, aquele que pretende avaliar uma representação discursiva não pode depreender do discurso as intenções pessoais de um ator, mas apenas o significado puro e simples daquilo que está no texto. O filósofo avança ainda nessa consideração e afirma que o texto é mais importante pelo que faz ou produz do que necessariamente pelo que diz.

Em relação à teoria de securitização, a filosofia derridariana é importante no nível metateórico. Uma das premissas centrais da EC é que a enunciação da palavra *segurança* traz consigo a própria ação de securitizar uma questão, ou seja, de tratá-la como sendo pertinente ao campo da segurança. A proposta de Derrida contribui para delimitar a consideração do discurso em práticas de segurança, dado que a teoria de securitização se concentra em estudar como um texto, no caso como a emissão da palavra *segurança*, pode produzir novos significados e desdobramentos em vez de relacioná-lo a um contexto específico (Taureck, 2006).[13]

No meu caso, uma das mais importantes áreas em que essa "filosofia" geral foi trabalhada por Derrida se deu em relação à teoria do ato de fala e não apenas em relação à análise de discurso. Isso aponta para a centralidade de se estudar, em um texto, como ele produz o seu próprio significado, em vez de relacioná-lo a um "contexto", o qual é um conceito duvidoso por tender a implicar a tradicional visão remetente-receptor da comunicação, em que um significado original só pode ser resgatado apenas quando posto no contexto apropriado.[14] (Wæver, 2004, p.18)[15]

||||||||||

13 Alguns autores que revisitaram a teoria de securitização vão criticá-la justamente por perceberem a desconsideração do contexto em sua proposição e por avaliarem que tal característica acaba por enfraquecê-la. De nossa perspectiva, a ausência do contexto pode ser de fato considerada como um limite da teoria de securitização.

14 Embora Wæver alegue nesse trecho que a desconsideração do contexto, por Derrida, se dá também pela tentativa deste de se afastar da visão tradicional da comunicação, baseada na relação remetente-receptor, acreditamos que a teoria de securitização não consegue manter esse afastamento. Mesmo com a ausência do contexto, o estabelecimento da securitização como um movimento que parte do agente securitizador e se dirige a uma audiência acaba retomando a lógica remetente-receptor e tornando-a fundamental para a apreensão de todo o processo.

15 No original: "In my case, some of the most important areas where this general 'philosophy' was worked out by Derrida was in relation to speech act theory and not least in relation to discourse analysis. It points to the centrality of studying in a text, how it produces its own meaning, rather than relating it to a 'context', which is a doubtful concept because it tends to imply the traditional sender-receiver view of communication where an original meaning can be retrieved if only put in the proper context".

Ademais, isso significa que para a teoria de securitização não é possível (e na verdade pouco importa) perceber e inferir como os atores pensam internamente ao enunciar a palavra *segurança*;[16] o que se discute na teoria e o que ela considera é apenas o que esses atores pensam em voz alta (Taureck, 2006). Sendo assim, o pensamento de Derrida, ainda que se ponha em contraponto ao de Austin, atua na teoria de securitização como um complemento à teoria do ato de fala.

Outra influência que normalmente é identificada na teoria de securitização é a de Carl Schmitt (1992), presente em sua obra *O conceito do político*. Wæver (2004) afirma que, embora tivesse um conhecimento superficial da filosofia política schmittiana, o primeiro esboço, de 1988, do que viria a ser a teoria de securitização surgiu sem nenhuma relação intencional com o trabalho de Schmitt. O contato mais detalhado de Wæver com as proposições do filósofo alemão só aconteceria anos depois, como relata o próprio Wæver (2004) em um artigo sobre os dez livros que influenciaram seu pensamento.

Schmitt desenvolveu, na Alemanha da República de Weimar, sua proposta de conceito do político, em que afirma que a essência da política se revela pela intensidade da relação entre os atores, a qual em seu grau máximo de intensificação estabelece uma distinção antagônica entre amigos e inimigos. Dessa forma, na medida em que a política é estabelecida por avaliações de alteridade, para esse filósofo, a lei por si só não era capaz de regular o Estado, já que ela não consegue abranger todas as eventualidades, principalmente em momentos nos quais uma situação emergencial é identificada. A partir dessa perspectiva, Schmitt destaca outro ponto importante de seu pensamento: a teoria sobre a capacidade decisória do soberano. Para

||||||||||

16 A complementação de Derrida para a teoria de securitização contribui para a desconsideração da quinta condição proposta por Austin para o sucesso do ato de fala, como explicitado anteriormente.

ele, considerando a lei uma construção social, portanto sujeita a manipulações e interpretações individuais, em momentos de emergência faz-se necessário o surgimento da categoria "o político": aquele capaz de decidir sobre a exceção, o soberano:

> A distinção especificamente política a que podem reportar-se as ações e os motivos políticos é a discriminação entre *amigo* e *inimigo*. Ela fornece uma determinação conceitual no sentido de um critério, não como definição exaustiva ou especificação de conteúdos. [...] A diferenciação entre amigo e inimigo tem o sentido de designar o grau de intensidade extrema de uma ligação ou separação, de uma associação ou dissociação. [...] O caso extremo de conflito só pode ser decidido pelos próprios interessados; a saber, cada um deles tem de decidir por si mesmo, se a alteridade do estrangeiro, no caso concreto do conflito presente, representa a negação da sua própria forma de existência, devendo, portanto, ser repelido e combatido, para a preservação da própria forma de vida, segundo sua modalidade de ser. (Schmitt, 1992, p.51-2)

A teoria schmittiana e a teoria de securitização se assemelham tanto na narrativa de que fazem uso quanto, em certa medida, na temática que abordam. Segundo Williams (2003), a primeira relação que poderíamos estabelecer entre Schmitt e a EC está na identificação, pela teoria de securitização, da necessidade de uma ameaça existencial. Da mesma forma que, para Schmitt, pouco importa a natureza intrínseca de uma questão – pois o que ele valoriza é a intensidade da relação dela com um ou mais atores, de modo a determinar a existência de um antagonismo amigo-inimigo –, para a EC o fato de uma questão ser uma real ameaça ou não também é desconsiderado, valendo apenas o processo que a constrói e a apresenta como ameaça existencial.

Uma segunda ponte entre ambas as proposições pode ser estabelecida com relação ao papel da excepcionalidade. Enquanto o soberano é, para o jurista alemão, aquele que se estabelece acima do sistema legal normal e tem o poder de decidir sobre a exceção, para a EC o processo de securitização só se completa quando o agente securitizador obtém legitimidade para atuar acima do sistema normal da política[17] (Williams, 2003; Taureck, 2006). A aproximação com as ideias schmittianas faz que a teoria de securitização retenha algumas características de uma perspectiva mais tradicionalista dos estudos de segurança, como a questão da sobrevivência, a reivindicação por um agente (mais comumente o estatal) de medidas extraordinárias e a emergência de uma situação de perigo e ameaça extrema.

A dialética proposta por Schmitt entre amigo e inimigo não é essencialmente antitética, já que não entende essa relação como fruto da oposição entre duas questões que partilham a mesma essência, mas é sobretudo uma dialética antinômica, pois compreende a relação amigo-inimigo como derivada do conflito entre questões com diferentes essências (Freund, 1965). Da mesma forma, para a EC, a relação entre politização e securitização perpassa o mesmo entendimento dessa dialética antinômica – a securitização e a dessecuritização (enquanto movimento de retorno ao patamar da politização) não possuem em si a mesma essência e não partilham a mesma lógica de funcionamento.

Em complemento ao conceito de securitização, a EC apresenta um conceito correspondente: o de dessecuritização. O processo de dessecuritizar consiste na retirada de uma questão do modo emergencial e sua consequente transferência para o âmbito normal de barganha da esfera política. Dessa forma, a dessecuritização seria preferível, no longo prazo, para evitar a adoção extremada de

|||||||||||

17 Ainda que seja possível estabelecer uma relação entre Carl Schmitt e a Escola de Copenhague, o entendimento da EC sobre a política dentro da teoria de securitização por vezes nos parece confuso e, portanto, um pouco afastado da perspectiva schmittiana. De acordo com Hansen (2012), a Escola de Copenhague não explicita claramente qual é a sua perspectiva sobre a questão da política, pois deriva de um meio termo entre diversos e complexos teóricos tais quais Derrida, Foucault, Arendt, Schmitt e Habermas.

medidas de exceção. *Dessecuritização* é um termo semanticamente derivado do de *securitização*, mas atua também como seu complemento ou, metaforicamente, como a outra face de uma mesma moeda. Ainda que o conceito de dessecuritização seja visto em posição de subordinação e como derivativo da securitização, sem a sua existência a própria noção de securitização ficaria incompleta, pois ela também é definida e delimitada por seu par antagônico. Assim, se a securitização é um ato político, a dessecuritização não deveria ser vista de outra forma senão também como um ato político (Hansen, 2012).

Entretanto, o conceito de dessecuritização carece de maior esforço e aprofundamento teórico pela EC, já que a insuficiente atenção dada por ela à questão da política em seu arcabouço teórico torna tal noção subteorizada e aberta a interpretações (Floyd, 2007; Aradau, 2004). A dessecuritização não pode ser avaliada sob a mesma base discursiva na medida em que, diferentemente da securitização, ela não é um processo realizado em duas etapas, no qual um *speech act* apresenta uma questão como não ameaça e os atores envolvidos deixam de enxergá-la pelo viés da segurança. Resgatando Schmitt, se a teoria de securitização se assenta na tensão amigo-inimigo, o seu complemento, a teoria de dessecuritização, se situa no afrouxamento dessa mesma tensão, o que nos leva à questão de que o ato de dessecuritizar não pode ser realizado apenas com base em uma representação discursiva dessecuritizante, mas, sim, por meio de um processo mais complexo de questionamento e transformação de percepções de ameaça e identidades entre o *self* (o mesmo) e o *other* (outro) (Hansen, 2012).

Limites conceituais da Teoria de Securitização

Embora a Teoria de Securitização tenha contribuído para uma maior e mais profunda consideração de aspectos imateriais no campo dos estudos de segurança, sua sonora reverberação na área se deu também pelas críticas que lhe foram dirigidas, tanto por teóricos mais próximos de um construtivismo convencional quanto por pós--estruturalistas. Assim, esta seção se propõe apresentar tais críticas, bem como algumas réplicas que lhe foram apresentadas, com nossas considerações sobre essa teoria.

Desde o surgimento da proposição teórica da EC, muitos acadêmicos da área têm ajudado a aprofundar nosso entendimento acerca das matrizes intelectuais da teoria de securitização (Taureck, 2006; Hansen, 2011), suas implicações políticas, filosóficas e sociológicas (Huysmans, 1999; Guzzini, 2011; Williams, 2003; Aradau, 2004, 2006; Floyd, 2007; Vuori, 2008; Balzacq, 2005, 2011), seu silêncio com relação a questões de gênero (Hansen, 2000), bem como sua aproximação com o pós-estruturalismo, sobretudo acompanhada da crítica que evidencia uma parcial proximidade com esse viés teórico e que propõe um estreitamento de laços entre este e a Teoria de Securitização (Stritzel, 2007; Floyd, 2010; Hansen, 2011, 2012).

Stritzel (2007) conseguiu agrupar as diversas leituras sobre a teoria em três conjuntos, nos quais a ideia de securitização é percebida de maneira distinta e dotada de significados diferentes. Para o primeiro grupo, a securitização é vista como um ato político, visão esta derivada de uma avaliação pós-estruturalista da teoria schmittiana e da incorporação do conceito de política desenvolvido por Hannah Arendt. O segundo grupo concebe a securitização como uma metalinguagem, uma gramática universal que pode ser encontrada em múltiplos contextos culturais e configurações sociais. Já o terceiro grupo a enxerga como uma prática inserida em um contexto, pois acredita que esse processo envolve complexas dinâmicas sociolinguísticas e sociopolíticas.

Dessa forma, acreditamos que é preciso expandir as fronteiras daquilo que originalmente entendemos por securitização, uma vez que o modelo proposto por Buzan, Wæver e De Wilde (1998) se mostra limitado e limitante. O conceito de securitização é muito rico para os estudos de segurança, mas seu *framework* acaba reduzindo o poder explicativo da teoria. Ao assumir a securitização como um fenômeno social complexo, acreditamos que ela seja capaz de melhor abranger e compreender diversos casos a partir do seu recurso teórico.

Dessa perspectiva sociológica, Balzacq (2005) acredita que a proposta inicial da teoria da EC é muito formalista, principalmente no que tange à ação discursiva da segurança. Assim, tanto para ele quanto para outros teóricos, como Huysmans (1999), Guzzini (2011) e Bigo (2011), torna-se necessário acrescentar a essa teoria um conjunto de novas variáveis a fim de refinar e clarear seu entendimento.

Problematizações teóricas do speech act

A teoria de securitização é identificada por seus autores como parte de um processo intersubjetivo, principalmente por se valer e encarar o discurso como uma forma de ação e, portanto, um instrumento capaz de gerar consequências. No entanto, a maneira como esse mesmo discurso é percebido implica alguns questionamentos para a verificabilidade desse caráter intersubjetivo.

Apesar de considerarem uma mesma ontologia, construtivismo[18] e pós-estruturalismo possuem diferentes epistemologias para tratar da análise do discurso. Ao partirem de suportes conceituais diferentes – o primeiro se apoia em uma base sociológica, enquanto o segundo tem uma orientação estética e literária –, as duas vertentes acabam produzindo entendimentos distintos de como se dá todo o processo de securitização. Para o construtivismo, assume-se que o enunciador da fala é o executante da performance e que a linguagem é por ele utilizada como uma ferramenta que constrói e ao mesmo tempo é construída pela realidade. No pós-estruturalismo, é

|||||||||||

18 Mesmo abordando o construtivismo de forma geralista, é importante não desconsiderar as nuances internas dessa teoria. Assim, faz-se necessário esclarecer que o construtivismo não é um monólito, uma vez que apresenta duas subdivisões, classificadas por Hopf (1998) como *convencional* e *crítica*.

a linguagem que assume uma figura performativa; ou seja, ela é por si só a executante da performance, independentemente das intenções e objetivos do agente (Debrix, 2003).

Para Balzacq (2011), essa diferenciação epistemológica se traduz no modo como se valem do discurso, que pode ser compreendido segunda duas abordagens: a filosófica e a sociológica. Balzacq demonstra uma postura crítica com relação à primeira, percebida por esse autor como base estruturante da teoria de securitização e oriunda do pós-estruturalismo. Segundo ele, ao encarar a linguagem como a própria executora da performance, a matriz pós-estruturalista, de cunho filosófico, reduz a segurança a um procedimento convencional, como nos exemplos da aposta e do casamento.[19] Nesse sentido, a ênfase dada por essa vertente à função da linguagem, no sentido de "ao se dizer isso [segurança], algo é feito"[20] (Balzacq, 2011, p.1), acaba por transformá-la em uma teoria autorreferencial. Nas palavras do autor, "a tradição pós-estruturalista acredita em um poder de *magia social* da linguagem, uma magia em que as possíveis condições das ameaças são internas ao ato de se dizer 'segurança'" (Balzacq, 2011, p.1).[21]

De maneira oposta, a corrente sociológica encara a segurança como um processo pragmático que é parte de uma configuração de circunstâncias. A linguagem gera uma sucessão de consequências não somente devido à sua simples elocução, mas também em razão de uma conformação de práticas, contextos e poder. Em síntese, o caráter performativo não reside apenas no discurso, mas sim em toda a

||||||||||||

19 Esta metáfora é interessante para explicar a linguagem como a executante da performance na medida em que, no casamento, o ato de dizer "sim" em um momento e contexto específicos cria o casamento em si, ou seja, inicia a sua existência de fato.

20 No original: "by saying it [security] something is done".

21 No original: "poststructuralist tradition believe in a *social magic* power of language, a magic in which the conditions of possibility of threats are internal to the act of saying 'security'". Grifos no original.

sua construção, a qual é mediada pelo *habitus*[22] do agente discursivo e da audiência; ou seja, por um conjunto de disposições que formam suas percepções e comportamentos. A agregação de outras variáveis como corresponsáveis pelo desencadeamento de ações provenientes do ato de fala seria, para o autor, a característica principal que permite verificar na vertente sociológica um caráter intersubjetivo.

A EC nunca elaborou em detalhes na sua teoria os três atos que compõem para Austin (1962) a totalidade do ato de fala. Esse problema se torna mais visível quando Buzan, Wæver e De Wilde (1998) enfatizam o papel da audiência como instância capaz de fazer que um movimento de securitização tenha sucesso. A convivência de ambas as definições, de que a securitização de uma questão é interna ao ato de dizer segurança e de que a securitização só se conclui com a aceitação de uma audiência, em nossa visão, gera uma confusão sobre qual seria o foco da teoria de securitização, se o ato ilocucionário ou o ato perlocucionário. Ou seja, se o foco é em uma matriz essencialmente linguística, com a linguagem como executante da performance, ou se em uma matriz sociolinguística, com a linguagem como parte, e portanto coautora, da performance, em conjunto com outras variáveis. De acordo com nossa interpretação, a EC se localiza no meio-termo entre essas perspectivas, pendendo para uma maior proximidade da primeira, quando acreditamos que a segunda, com sua proposta de alargamento da ideia de securitização, acrescenta capacidade explicativa à teoria.

||||||||||||

22 Princípio sociológico trazido por Bourdieu que, segundo Wacquant, se constitui em "uma noção mediadora que ajuda a romper com a dualidade do senso comum entre indivíduo e sociedade ao captar 'a interiorização da exterioridade e a exteriorização da interioridade'" ou, ainda, "o habitus fornece ao mesmo tempo um princípio de *sociação* e individuação: sociação porque as nossas categorias de juízo e de ação, vindas da sociedade, são partilhadas por todos aqueles que foram submetidos a condições e condicionamentos sociais similares [...]; individuação porque cada pessoa, ao ter uma localização e uma trajetória únicas no mundo, internaliza uma combinação incomparável de esquemas" (2007, p.2).

Compartilhando essa proposta sociológica com Balzacq (2011), Guzzini (2011) aponta que o tema da segurança deveria passar por um processo de "sociologização",[23] para que se possa entender, assim, como o binômio segurança/insegurança é produzido e percebido sociologicamente. Para ele, embora não seja possível captar a substância da segurança, mas, sim, apenas perscrutar sua performance (como o faz a securitização), a perspectiva da EC não é suficiente para captar todo o conteúdo da segurança, a não ser quando interconectada com uma ontologia social do discurso e de práticas sociais. A capacidade performática da representação discursiva é entendida como parte de um "constante processo de [re]construção social da realidade (social)" (Guzzini, 2011, p.8).

Em resposta às críticas pelo caráter fixo que a proposta do *speech act* confere à teoria, Wæver (2011, p.6) afirma que esse é "o ponto cego essencial que toda teoria possui".[24] Porém, ao se pensar o papel da teoria enquanto ferramenta analítica, isso talvez possa ser também um ponto positivo, já que até mesmo um ponto cego pode possibilitar o surgimento de alternativas explicativas. Nesse sentido, "somente através de operações claramente definidas é que algo emerge com clareza; até o limite de um conceito é mais informativo que a falta de qualquer distinção clara" (Wæver, 2011, p.6).[25]

A proposição da segurança como um processo de tradução – formulada por Stritzel (2007) –, em vez de um ato de fala, visa justamente contribuir para um entendimento da segurança que supra os limites identificados na teoria de securitização. De acordo com o autor, o conceito de tradução sugere que os significados de *segurança*

||||||||||||

23　No original, "sociologizing", neologismo cunhado pelo próprio autor. Tradução nossa.
24　No original, "this fixation of form becomes the essential blind spot that every theory has". Tradução nossa.
25　No original, "only through clearly defined operations does anything emerge with clarity; even the limit of a concept is more informative than the lack of any clear distinction".

são produzidos por práticas iterativas, ou seja, por um processo realizado inúmeras vezes em que a difusão e a transformação dos entendimentos de segurança ocorrem mediante uma sequência de atos repetidos. A vantagem explicativa desse conceito estaria em sua compreensão processual da segurança, uma vez que consegue incorporar uma perspectiva histórica e empírico-reconstrutiva, situando os movimentos de securitização em um conjunto temporal e espacial. Nas palavras do autor:

> Mas, se o significado da segurança não é fixo, como alguém pode saber que certo discurso é um discurso de segurança? Uma espécie de essência da segurança não seria necessária ou inevitável? Da perspectiva da tradução, significados sempre aparecem em grupos de relações, refletindo sequências históricas específicas, e são sempre produzidos em campos sociais específicos. [...] Uma indicação de significados vigentes é normalmente sugerida por sua relação com significados/práticas passados como, a partir de uma lógica da tradução, o significado de um enunciado sempre precisa ser lido em relação com outros (passados/existentes) enunciados a fim de ser entendido. (Stritzel, 2007, p.5)[26]

Nessa proposta, Stritzel (2007) dedica-se a reconstruir o núcleo central do conceito de segurança como um processo discursivo por meio da relação entre ele e a ideia de tradução, com base em cinco pontos principais: (i) a noção de passagem; (ii) a construção de significado; (iii) a definição de fronteiras para o conceito de tradução;

|||||||||||

26 No original: "But, if the meaning of security is not fixed, how can one then know that a certain discourse is a security discourse? Is not some 'security essentialism' necessary or inevitable? From a translational perspective, meaning always appears in clusters of relations, reflecting specific historical sequences, and it is always produced in specific social fields. [...] An indication of current meanings is thereby usually suggested by their relationship to past meanings/practices as, from a translational perspective, the meaning of an utterance always needs to be read in relation to other (past/existing) utterances in order to be understood".

(iv) a consideração contextual; e (v) o entendimento da tradução como processo indefinido.

A noção de passagem significa incorporar à securitização uma característica própria da tradução, a saber, a capacidade de converter a forma ou o meio de um enunciado e de movê-lo de um lugar para outro. Por sua vez, a construção de significado, na caracterização da segurança como tradução, expressa a ideia de que o ato de securitizar seria igual ao de traduzir, pois ambos vão além do simples deslocamento de um objeto sem a alteração de significados – a tradução, assim como a securitização, "não apenas replica uma fonte original, não apenas transporta significado, mas também produz criativamente [novos] significados, reescreve, rearticula e re-representa algo em novos termos" (Stritzel, 2007, p.3).[27]

Já a definição de fronteiras para o conceito de tradução pretende afastá-lo de uma leitura pós-estruturalista dos atos performativos do discurso, não no sentido de desconsiderar que podem criar significados, mas sim no de que tal criação é limitada: as traduções são "produções limitadas, inovações limitadas, formas limitadas de transformação" (Stritzel, 2007, p.4).[28] Em síntese, "no processo de tradução a palavra simplesmente não esquece o seu próprio trajeto e não consegue se libertar completamente do poder daqueles contextos concretos que ela adentrou" (Stritzel, 2007, p.4).[29]

Sobre a consideração contextual, Stritzel afirma que, assim como a tradução promove uma forma de encontro de um texto com um novo contexto, a securitização pode fortalecer ou reafirmar "um

||||||||||||

27 No original: "it does not simply replicate its source, it does not just 'transport' meaning, but also creatively produces it, it rewrites, rearticulates, re-represents something in new terms".

28 No original: "they are 'bounded productions', 'bounded innovations', forms of 'bounded transformation'".

29 No original: "in the process of translation the word simply 'does not forget its own path and cannot completely free itself from the power of those concrete contexts into which it has entered'".

discurso dominante e uma estrutura de poder, reconfigurar segmentos existentes na sociedade ou a estrutura de uma coalizão particular, ou iniciar mudanças e transformações fundamentais no contexto destinatário/alvo" (Stritzel, 2007, p.4).[30] Ainda, o encontro promovido pela securitização entendida como um processo de tradução "pode também criar um novo espaço híbrido entre um 'país-origem' e um 'país-alvo'" (Stritzel, 2007, p.4).[31] Por último, a ideia da tradução como processo indefinido pretende minimizar a importância de um enunciador/tradutor específico, de uma relevante audiência ou de um momento preciso de sucesso da securitização, bem como de conceituações rígidas da origem e do alvo em um movimento securitizante.

De acordo com nossa perspectiva, ainda que a proposta de Stritzel (2007) possibilite uma compreensão processual da securitização e auxilie na reconstrução empírica de movimentos securitizadores, a caracterização da tradução como um processo indefinido acaba ampliando em demasia o escopo de análise. Em vez de fortalecer sua capacidade explicativa, a última característica contribui na direção oposta, pois, por exemplo, a minimização da importância de uma audiência relevante dificultaria a definição de uma (ou mais) instância responsável pela conclusão satisfatória da securitização, ou ao menos pela anuência para a conclusão desse mesmo movimento.[32]

Após estudos acerca da teoria de securitização que resgatam o status ontológico da linguagem, do discurso como metodologia de

||||||||||||

30 No original: "a dominant discourse and power structure, reconfigure existing segments of society or the structure of particular advocacy coalitions, or initiate fundamental change and transformation in the recipient/target context".

31 No original: "the encounter may also create a new hybrid space between a 'source country' and a 'target country'".

32 Em relação à conclusão do movimento de securitização, a ideia de sucesso depende da perspectiva daquele que interpreta a teoria; ou seja, depende de o leitor encarar esse sucesso como derivado da aceitação por uma audiência ou da aplicação *de facto* de medidas extraordinárias.

análise, do *speech act* como uma forma específica de enunciação, das estruturas retóricas e da gramática da evocação da segurança, Huysmans (2011) apontou que ainda é necessário problematizar o conceito de *ato* para a EC. O termo sempre foi incorporado com o intuito de exprimir a natureza performativa da linguagem, mas seu significado analítico nunca foi explorado pela EC, nem pelos trabalhos posteriores a ela, que a tomaram como objeto de análise. Segundo o autor, a realização de um ato consistiria na criação de um cenário de ruptura, independentemente de sua aceitação ou institucionalização. Nesse sentido, "agir [...] não seria chegar a um cenário ou escapar dele, mas sim engajar-se em sua criação" (Huysmans, 2011, p.4), de forma que o que importaria no *speech act* seria a conformação de um conjunto de atos, atores e ações em uma situação concreta localizada histórica e geograficamente.

É importante notar que Huysmans (2011) muda o foco da conclusão, ou melhor, da concretização da securitização, na medida em que ela não se daria necessariamente pela aprovação de uma audiência, ainda que o ato de fala se dirija a uma audiência e tenha tal objetivo, mas, sim, por meio do ato, que por si só já criaria uma ruptura. Ademais, outra característica importante não apenas para Huysmans (2011), mas também para os teóricos que propõem um entendimento sociolinguístico da securitização, é a ênfase na necessidade de uma contextualização histórica e geográfica, uma posição da qual compartilhamos, principalmente pelas inconsistências e limites verificados após a avaliação empírica da teoria de securitização. Como veremos adiante, os entendimentos sobre a audiência, o contexto, o movimento securitizante e o agente securitizador são interligados e derivados da apreensão que temos do ato de fala e, por isso, a função e a importância de cada uma dessas variáveis dependem também da função que atribuímos ao ato de fala na teoria de securitização.

A expansão dos limites da audiência

Os teóricos de Copenhague afirmam que um movimento de securitização só se completa quando é aceito pela audiência. Em razão de seu papel vital para a conclusão desse movimento, e para que haja uma melhor compreensão dessa teoria, é imprescindível que seus postulantes realizem um investimento de clara conceitualização acerca de quem pode vir a se constituir como audiência e de como a sua aceitação pode ser alcançada. No entanto, a exposição dessa variável ao longo da teoria de securitização é vaga e pouco precisa (Léonard; Kaunert, 2011).

Retomando a divisão proposta por Balzacq (2011) entre as vertentes filosófica e sociológica, a interpretação do papel do discurso elaborada por cada uma também afetará o entendimento do papel da audiência. Para a corrente filosófica, como o próprio discurso é o executante da performance, a audiência é estabelecida como uma categoria formal que atua apenas em um modo receptivo. Ao contrário do que a teoria do *speech act* propõe, a visão sociológica não encara a audiência como uma entidade já previamente constituída, mas sim como uma categoria emergente que deve ser identificada empiricamente antes de ser considerada um nível de análise. Nesse sentido, acredita-se que, em um movimento de securitização, tanto ator(es) securitizador(es) quanto audiência(s) constituem-se mutuamente e estabelecem entre si um processo intersubjetivo de negociações sobre em que termos será realizada a securitização. De acordo com a ênfase dada à função do ato de fala, se à sua característica ilocucionária ou à perlocucionária, o papel da audiência ao longo do processo de securitização sofrerá alterações.

> De maneira geral, quanto maior a ênfase na noção de "ilocução", menos importante o conceito de "audiência" parece se tornar, na medida em que o *modus* da segurança pode ser encarado como constituído pela própria enunciação ilocucionária. Inversamente, quanto maior a ênfase na noção

de "audiência", mais a securitização parece se mover em direção à "perlo-cução" e ao estudo de como exatamente enunciadores (por meio de várias figuras de linguagem, símbolos e outros recursos discursivos) persuadem audiências. (Stritzel, 2007, p.8)[33]

Como não há um critério preciso para identificar a audiência, essa *simplificação* feita pela EC suscita uma série de questionamentos em torno desse instrumento analítico: pode haver várias audiências com diferentes papéis no processo de securitização e, portanto, requerendo diferentes lógicas de persuasão? É possível ainda identificar que algumas audiências são responsáveis por garantir aceitação moral, enquanto outras o são por aceitação formal, para que haja a securitização? (Léonard; Kaunert, 2011). Aceitando a ideia de que há várias audiências, seria possível afirmar e verificar a existência de uma empoderada, ou seja, que tem capacidade de dar seguimento ao movimento de securitização? (Balzacq, 2011).

A EC, em alguns pontos de sua teoria, vacila entre duas posturas contraditórias: por vezes sugere a interpretação de que o mero ato de fala implica a securitização, enquanto em outros momentos afirma ser necessária a aceitação desse mesmo ato de fala pela audiência. Ainda assim, mesmo que ela se mantivesse firme na segunda postura, restaria a questão de como avaliar se um ato de fala foi totalmente aceito (ou não) por uma audiência. Segundo Bright (2012, p.4),

> Esse problema é composto pelo fato de, na prática, ser frequentemente difícil identificar quem é a audiência, especialmente quando o *locus* do

||||||||||||

33 No original: "Generally speaking, the more emphasis is put on the notion of 'illocution', the less important the concept of 'audience' seems to become, as the modus of security could be thought of as being constituted by the illocutionary utterance itself. Conversely, the more emphasis is put on the notion of 'audience', the more strongly securitization seems to move towards 'perlocution' and the study of how exactly speakers (through various linguistic tropes, symbols and other discursive resources) persuade audiences".

poder de decisão não é claro. Nesse sentido, é útil a reformulação da audiência proposta por Balzacq como uma "audiência empoderada" (isto é, o grupo que pode permitir ao ator securitizador seguir com suas ações propostas).[34]

Ao reformular a noção abrangente de audiência utilizada pela EC, denominando-a "audiência empoderada", Balzacq (2011) contribui para um possível refinamento desse instrumento analítico, além de sinalizar a existência de mais de uma audiência a ser convencida em um processo de securitização. Toda essa dinâmica intersubjetiva de convencimento também demanda a existência de um contexto que lhe seja favorável. A desconsideração das circunstâncias contextuais pelos teóricos de Copenhague também é, de acordo com nossa visão e a de outros teóricos, um dos limites de sua teoria.

A inclusão do contexto

A teoria do *speech act* desenvolvida pela EC entende que as palavras possuem um *poder de abdução*, isto é, uma capacidade de ativar um novo contexto ou modificar um já preexistente por meio da enunciação de um discurso. Nesse sentido, o sucesso de um movimento securitizante dependeria da existência de condições favoráveis que ajudassem no convencimento da audiência. Em suma, a contextualização é colocada em segundo plano, uma vez que o que importa para essa análise é o que a linguagem constrói (Balzacq, 2011).

De maneira oposta, uma visão sociolinguística da segurança não se atém apenas à microdinâmica discursiva do agente, mas considera

||||||||||||

34 No original: "This problem is compounded by the fact that, in practice, it is frequently difficult to identify who the audience is, especially when the locus of decision-making power is not clear (as in the case of the EU). In this regard, Balzacq's reformulation of audience as empowering audience (that is, the group which can enable the securitising actor to take the action proposed) is useful".

também as fundações da realidade social em que um discurso está localizado. Essa vertente afirma, ainda, que para se capturar por completo o significado de qualquer discurso é necessário contextualizá-lo social e historicamente. Ao verificar que a consideração de novas variáveis é imprescindível para o entendimento intersubjetivo da segurança, Balzacq e colegas acreditam que:

> Formações discursivas e atos de fala não são suficientes para entender como a segurança opera. Os acadêmicos devem não apenas contabilizar a natureza performativa dos discursos, mas devem examinar também os efeitos (perlocucionários) dessas palavras, assim como as condições possíveis para as práticas de segurança. (Balzacq et al., 2010, p.2)[35]

Assim, essa compreensão interpretativa indica que, para se chamar a atenção de uma audiência para um evento ou para a construção de uma ameaça, o discurso de um ator securitizante precisa estar relacionado com uma realidade externa na qual se situam ambos, ator e discurso. Para entender a securitização como um ato pragmático e estratégico, é preciso analisar a semântica da linguagem em interação com as circunstâncias contextuais em que ela foi utilizada (Balzacq, 2011; Wilkinson, 2011). Nas palavras de Guzzini:

> Não há razão para assumir que esses são contextos "universais" em que *speech acts* (sempre) funcionam, apenas perante a existência das condições certas. Procurar condições genéricas "caso-independente" para o processo de (des)securitização foge à questão central da teoria. Certamente, a teoria empírica da segurança que combina camadas discursivas com dinâmicas de integração regional acaba produzindo análises que são empiricamente

||||||||||||

35 No original: "Discursive formations and speech acts are not sufficient to understand how security operates. Scholars need not only to account for the performative nature of utterances, but also to examine the (perlocutionary) effects of these words, as well as the conditions of possibility of security practices".

mais consistentes para explicar dinâmicas políticas, construções de ameaças e, assim, em primeiro lugar, processos discursivos. (Guzzini, 2011, p. 8)[36]

Dessa forma, retomando ainda a proposta da securitização como
processo de tradução, quando Stritzel afirma que os "significados de
segurança são resultados de práticas recorrentes de tradução que são
realizadas em (e portanto distintas de) *locus* discursivos particulares"
(2011, p. 2),[37] a consideração desse processo como um movimento que
se repete e se refaz abrange assim uma consideração mais ampla da
securitização que permite incorporar a história e um entendimento
do processo securitizante de uma questão. A securitização vista como
um *speech act* traz de fato vantagens ontológicas e epistemológicas na
medida em que coloca o discurso como significativo protagonista da
construção de uma temática como de segurança. Entretanto, ainda
que com suas vantagens, esse entendimento da securitização nos con-
duz a uma imagem estática do processo. Ao reduzir a securitização à
força discursiva da verbalização da palavra *segurança*, a EC desconsidera o contexto em que ela foi proferida, oferecendo apenas uma visualização parcial de um cenário mais completo e complexo.

A ampliação de significado do movimento securitizante e do ator securitizador

De acordo com a interpretação adotada sobre a audiência, o entendimento acerca de como ocorre o movimento de securitização

||||||||||||

36 No original: "There is no reason to assume that these are 'universal' contexts within
which speech acts (always) function, if only the right conditions apply. Looking for
case-independent generic scope conditions for (de)securitization therefore misses the
point. Indeed, the empirical theory of security that combines those discursive layers
and dynamics in regional interaction requires analysis that is very rich empirically if
it is to explain the political dynamics, threat constructions and hence discursive pro-
cesses in the first place".

37 No original: "security meanings result from iterative practices of translation that are
performed in (and are thus potentially distinct to) particular discursive 'locales'".

também será afetado. Ao se considerar a linguagem como a executante da performance, como verificado em uma avaliação mais cuidadosa da teoria do *speech act*, não é possível verificar a possibilidade de uma coconformação (conformação mútua) entre o ato de fala e a audiência. Nesse caso, a imagem percebida dentro desse movimento é a de uma via de mão única em que a estrutura retórica se dirige a uma audiência, a qual possui apenas o papel receptivo de aceitar (ou não) o movimento securitizador. De acordo com Wilkinson,

> A securitização apresenta a construção da segurança como uma dinâmica linear e gradativa, que se inicia com o ator securitizador, o qual constrói um objeto referente e uma narrativa de ameaça. Essa narrativa de segurança é, então, aceita ou rejeitada por uma audiência, determinando o resultado desse movimento de securitização. (Wilkinson, 2011, p.94)[38]

De modo contrário, se o ator securitizador for posto como o responsável pela execução da performance, a compreensão do movimento de securitização se torna bem mais clara e completa, pois ele passa a ser encarado como um processo de barganha em que um ator securitizante vai adaptando suas estratégias, com base nas circunstâncias contextuais, a fim de conseguir a aceitação de uma audiência. A imagem então verificável é a de um movimento em rede no qual o ator securitizador, o objeto referente, a audiência e a narrativa construtora da ameaça são mutuamente constituídos e se desenvolvem simultaneamente (Huysmans, 1998; Wilkinson, 2011). A interação proposta entre esses termos para a construção de um movimento de securitização é, assim, o principal fator a conferir a essa perspectiva um caráter intersubjetivo.

||||||||||||

38 No original: "Securitization presents a linear and stepwise dynamics of security construction, starting with a securitizing actor who constructs a referent object and a threat narrative. This narrative of existential threat in then either accepted or rejected by an audience, thus determining the outcome of the securitizing move".

É preciso também problematizar a questão das capacidades necessárias ao ator securitizador para iniciar um processo de securitização; isto é, quais habilidades e qual posicionamento no sistema internacional tal ator precisa ter para que seu discurso seja aceito pela audiência e se traduza em medidas concretas. Em outras palavras, Balzacq (2005) se refere a esse fator como "competência linguística", a qual "implica que certas questões são competências legítimas de atores, papéis e instituições específicas que podem controlar a atenção, a confiança e a confidência públicas" (Balzacq, 2005, p.22).[39] Segundo Huysmans (1999, p.19), "uma questão principal se torna 'quem pode enunciar "segurança" com sucesso e legitimidade?', sendo que [o pronome] 'quem' se refere bem mais ao posicionamento social [do ator securitizante] do que a questões individuais".[40]

A incorporação à teoria de Copenhague das capacidades necessárias a um ator securitizador para fazer funcionar as engrenagens da segurança reflete, em essência, a perspectiva de Bourdieu sobre a mobilização de capitais em um campo. Nesse sentido, o ator securitizador que consegue gerar convencimento por meio de um discurso é aquele em que:

> O conhecimento (um tipo de capital cultural), confiança e o posicionamento em termos de poder (capital simbólico e político) estão interligados. Essa conexão sugere algo sobre o "conceito disposicional" [*dispositional concept*] de poder, o qual é a habilidade de induzir efeitos, tanto direta quanto indiretamente [...]. O "poder de" garantir a concordância da audiência ajuda o ator securitizador a "fundir seu horizonte" com o da audiência, a qual, em contrapartida, tem o "poder de" admitir ou ratificar

||||||||||||

39 No original: "are the legitimate province of specific persons, roles, and offices that can command public attention, trust, and confidence'".
40 No original: "a main question becomes 'who can utter "security" successfully or legitimately?', with the 'who' strongly referring to societal positions rather than individual subjects".

as reivindicações feitas pelo interlocutor [do discurso securitizante]. (Balzacq, 2005, p.22)[41]

Nesse sentido, ao ampliarmos o entendimento original proposto pela EC, tanto do movimento securitizante – percebendo-o como um processo em rede conformado por múltiplos atores nas idas e vindas do processo de securitização – quanto do agente securitizador, que, de acordo com sua capacidade performativa no âmbito internacional, é aquele que executa a performance (satisfatória ou não) da securitização por meio de um ato de fala, avançamos rumo a uma efetiva caracterização da teoria de securitização como uma proposta intersubjetiva da segurança.

A questão da política

Naquilo que se refere à relação entre securitização e política, a EC não apresenta proposições claras, tornando confuso o entendimento desse ponto específico em sua teoria. Nesse sentido, ao mesmo tempo que define securitização como um patamar acima da politização, também expressa que ela é sempre uma forma extrema de politização e resultado de uma escolha política. Para fins da construção de uma perspectiva coerente, ambas as definições não são passíveis de coexistência, pois, além de serem contraditórias, são excludentes entre si.

Se partirmos do entendimento mais comumente veiculado, de que um movimento de securitização eleva a questão a um patamar acima da politização, ainda que o problema de sua definição seja

‖‖‖‖‖‖‖‖‖‖

41 No original: "knowledge (a kind of cultural capital), trust and the power position (political or symbolic capital) are linked. This connection suggests something about the 'dispositional concept' of power, which is the ability to induce effects either directly or indirectly […]. The 'power to' secure the compliance of the audience helps the securitizing actor 'fuse his/her horizon' with the audience's, which, in turn, has the 'power to' acknowledge or ratify the claims put forward by the speaker".

resolvido, um outro problema de cunho conceitual ainda permanece: a subconceitualização do campo da política. A EC expande a noção de segurança por meio da consideração de aspectos imateriais e pretende fortalecer a noção de intersubjetividade, mas, contraditoriamente, apresenta o campo da política como uma variável reduzida, na medida em que a limita ao estabelecimento da exceção. Nesse sentido, a EC se impõe uma dificuldade conceitual e empírica oriunda não apenas de sua imprecisão no que se refere ao campo da política, mas principalmente de sua fragilidade quando aplicada a questões que transbordam a gramática tradicional de segurança.

Em essência, a interpretação da Escola de Copenhague é centrada na ideia tradicionalista/realista de segurança como um "estado de exceção", o que leva seus membros a alegar que, ao enunciar a palavra "segurança", atores, usualmente representantes de Estado ou elites, caracterizam um caso particular como "extraordinariamente importante", e então deslocam esse caso para um campo especial onde "medidas extraordinárias" podem ser aplicadas. Do mesmo modo, a segurança é caracterizada em termos de uma "modalidade específica" marcada pela urgência, a prioridade de ação e a ruptura de "regras normais" da política. [...] Em segundo lugar, e alguns diriam que de forma mais problemática, a conceituação de Wæver é também a-histórica para diante porque ele "fecha" o significado da segurança ao fixá-la como uma "política de exceção". Nesse sentido, a conceituação é então não apenas a-histórica, mas também acrítica/antiprogressiva, pois ela não permite que o significado da segurança progrida para além do tradicionalismo/realismo. (Stritzel, 2011, p.6)[42]

|||||||||||

42 No original: "In essence, the interpretation of the Copenhagen School is here centred on the traditionalist/realist idea of security as a 'state of exception', which leads its members to claim that by uttering 'security' actors, usually state representatives or elites, characterize a particular case or development as 'extraordinarily important' and thereby move this case/development into a special field where 'extraordinary means' can be applied. Likewise, security is characterized in terms of a 'specific modality' marked by urgency, priority of action and the breaking free of 'normal rules' of

Ainda que não nos seja possível avaliar se tal confinamento da política ocorre devido a uma aproximação consciente com uma perspectiva tradicionalista da segurança ou simplesmente a um reducionismo derivado da sistematização teórica da EC em um *framework* de análise, não podemos nos eximir da crítica a esse ponto.

No nosso entendimento, a identificação e definição sobre a urgência de uma questão não está acima da capacidade política dos atores, mas é, em oposição, a própria faculdade que lhes corporifica como atores políticos. Nas relações internacionais, por exemplo, o político é aquele que detém capacidade de decidir acerca das suas relações de amizade e inimizade (Schmitt, 1992; Agamben, 2004).[43] Dessa forma, a decisão de tratar uma questão pelo viés da segurança está intimamente ligada e é parte da caracterização política dos agentes.

Ao estabelecer uma gradação que varia do não politizado ao politizado e, posteriormente, ao securitizado, a EC apresenta uma definição da relação entre política e segurança, a nosso ver, consideravelmente conservadora. O estabelecimento da politização como um debate político normal a respeito de uma questão, e da securitização como movimento que extrapola ou eleva essa lógica ao extremo, desconsidera não só que a política pode estar situada em outros âmbitos além do normativo-institucional, mas também que a securitização pode ser composta por "mecanismos casuais" (Guzzini, 2011) dentro do escopo normal do Estado ou, em outras palavras, por uma "miríade de atos" que, em conjunto, promovem uma

||||||||||||

politics. [...] Second, and some would argue more problematically, Wæver's conceptualization is also ahistorical forwards because he 'closes' the meaning of security by fixing it as a 'politics of the exception'. In this sense, the conceptualization is thus not only ahistorical but arguably also non-critical/anti-progressive, because it does not allow the meaning of security to progress beyond traditionalism/realism".

43 Assim, é possível entendermos que, ao contrário da célebre frase de Clausewitz, de que a guerra é a política continuada por outros meios, a faculdade de definir amigos e inimigos nos apresenta, segundo Foucault (2008), a lógica de que a política seria, na verdade, a continuação da guerra por outros meios.

securitização (Huysmans, 2011) – e não apenas um ato emblemáti-
co de ruptura com a ordem.

> O ato de fala de segurança cria um momento gravitacional no qual a
> crítica política não depende simplesmente de pôr em jogo práticas ins-
> tituídas de responsabilização [*accountability*] e legitimidade para alegar
> poder transgressivo, mas também floresce na ruptura de uma dada ordem
> que o ato de fala de segurança constituiu. Essa condição paradoxal de po-
> liticalidade que é investida no ato de fala de segurança se manteve inexplo-
> rada. A crítica política do enunciador da segurança normalmente devolve
> o ato a uma dada ordem. Sem a referência a uma ordem, não se pode dizer
> muito sobre o ato de fala e da imediata resposta política implicada na de-
> cisão que requer a referência a uma ordem. Ainda assim, como ato, o ato
> de fala guarda uma radical distância de ordens normativas e casuais: sua
> politicalidade reside em sua qualidade de ruptor [da ordem]. (Huysmans,
> 2011, p.5)[44]

Ademais, mesmo se tratando de uma teoria que se esforça para entender como democracias liberais definem suas questões de
segurança, a teoria de securitização não compreende em seu arcabouço a noção de que nessas mesmas democracias, por vezes, a segurança enquanto excepcionalidade é utilizada como uma técnica
de governo para que o executivo prevaleça perante outras instâncias,

||||||||||

44 No original: "The security speech act creates a gravitational moment in which poli-
    tical critique does not simply depend on bringing into play instituted practices of ac-
    countability and legitimacy to hold the claim to transgressive power to account but
    also thrives in the rupture of the given order that the security speech act constitu-
    tes. This paradoxical condition of politicality that is invested in the security speech
    act has often remained unexplored. The political critique of the speaking of security
    usually folds the act back into a given order. Without reference to an order, one can-
    not say much about the speech act, and the immediate political answerability implied
    by the decision requires referencing back to an order. Yet, as act the speech act also
    retains a radical distance from normative and causal orders: its politicality resides in
    its rupturing quality".

possibilitando a concentração de poder. Dessa forma, "conforme uma tendência em ato em todas as democracias ocidentais, a declaração do estado de exceção é progressivamente substituída por uma generalização sem precedentes do paradigma de segurança como técnica normal de governo" (Agamben, 2004, p.27-8), fato que põe em xeque a delimitação proposta pela EC entre politização e securitização.

Após a exposição de como a teoria de securitização é apresentada pela EC e as críticas dirigidas a ela, parece ficar claro que, apesar da sua relevância para os estudos de segurança, tal teoria se encontra ainda muito centrada no papel do agente e mais preocupada com o resultado da securitização do que com seu processo em si. Mesmo se tratando de uma teoria que aborda constantemente em sua análise as relações de alteridade, em que se considera uma variável importante a percepção do "eu" e do "outro" para a construção da ameaça e da (in)segurança, os teóricos de Copenhague acabam por reduzir todo esse processo a um simples movimento unidirecional entre aquele que propõe a securitização e sua audiência, em que tal audiência parece atuar apenas em modo receptivo.

Após apresentarmos como a prática discursiva é vista por uma gama de teóricos dispostos a entender e problematizar a securitização através de uma matriz linguística ou sociolinguística, ainda nos resta uma pergunta: de que forma tais visões afetam o entendimento da proposição original da teoria de securitização? A leitura dessa teoria é afetada na medida em que, ao se considerar a linguagem responsável pela execução da performance, a questão do contexto em que se insere certo discurso seria excluída, além de marginalizar o papel da audiência dentro desse escopo teórico. Ao contrário, quando o ator securitizante é interpretado como o responsável pela execução da performance, considera-se uma série de outras variáveis (gestos, silêncios e comportamentos no geral) que muito esclarece sobre as intencionalidades e objetivos almejados com o movimento de securitização. A partir dessa segunda perspectiva, admite-se que os problemas de segurança podem ser construídos através de um processo intersubjetivo entre agente e estrutura. Em síntese, não basta apenas a enunciação da palavra *segurança*, pois há uma série de fatores contextuais que influenciam no processo de securitização, além do fato de o mesmo discurso poder produzir efeitos diversos de acordo com a posição e as percepções de cada agente.

A EC afirma que a teoria de securitização pretende trazer uma percepção intersubjetiva da segurança. No entanto, a desconsideração e subteorização do contexto e da audiência sugerem a interpretação de que essa escola opta por uma visão elocucionária e, portanto, autorreferente da segurança, em vez de um modelo que problematize o ato perlocucionário (os desdobramentos de uma elocução; no caso, a aceitação por uma audiência) e englobe também a avaliação de fatores contextuais.

Ainda que proponha uma expansão da agência além do Estado, o corpo teórico da EC se mostra muito restrito ao papel desse agente nas relações internacionais. A criação do conceito de macrossecuritização (Buzan, 2006) – o qual apresenta a possibilidade de que, através de uma percepção compartilhada, vários atores podem se engajar em uma construção global de ameaças – é vista como um avanço no rompimento com a visão estadocêntrica da segurança. Entretanto, a EC ainda pode gerar novas contribuições no sentido de se avançar com esse rompimento, principalmente se entendermos que, além de processos de macrossecuritização, ocorrem também processos de microssecuritização, por exemplo, no caso da atuação da opinião pública ou de uma elite político-intelectual enquanto agente securitizador no cenário internacional, como no caso da audiência interna da securitização da guerra do Iraque.

Os críticos que avaliam os limites da securitização apresentados neste capítulo não desconsideram a importância da linguagem; eles afirmam, ao contrário do que a EC deixa a entender, que a construção da segurança não pode ser confinada apenas a um processo linguístico, mas que se deve levar em consideração também toda a mobilização social que está envolta nesse mesmo processo. O refinamento proposto à teoria de securitização lhe apresenta, então, como um complexo repertório de atos e decisões que surgem e são formados a partir da interação de uma série de atores. Toda essa conformação também se encontra imersa em um "caldo de cultura" que vai muito além da simples consideração atemporal e descontextualizada de um discurso. Segundo Villa e Santos (2013, p.145), embora o "paradoxo da EC [seja] que em boa medida sua vitalidade parece derivar de suas ambiguidades e tensões", como o ambíguo estatuto conferido à linguagem e o confuso papel desempenhado pela política, a abertura do campo para a consideração de fatores imateriais nos estudos de segurança supera "as ambiguidades conceituais que decorrem do seu holismo e ecletismo realista-sociológico".

A partir dessa consideração analítica da securitização e da apresentação de seus limites explicativos, os próximos capítulos pretendem avaliar empiricamente a teoria em *loci* distintos. O capítulo seguinte tratará da securitização doméstica norte-americana da guerra do Iraque, em que por meio da avaliação da teoria em um âmbito intraestatal pretendemos confirmar e aprofundar nossas impressões acerca desse arcabouço teórico.

2. O PENSAMENTO NEOCONSERVADOR E A POLÍTICA EXTERNA NORTE-AMERICANA

[Trata-se de] matéria, enfim, para todo um andaime de palavras, conceitos, e desvarios. Tu poupas aos teus semelhantes todo esse imenso aranzel, tu dizes simplesmente: Antes das leis, reformemos os costumes! – E esta frase sintética, transparente, límpida, tirada ao pecúlio comum, resolve mais depressa o problema, entra pelos espíritos como um jorro súbito de sol.

Machado de Assis, "Teoria do medalhão"

Uma breve historiografia do movimento neoconservador nos EUA

O MOVIMENTO NEOCONSERVADOR exerceu considerável influência intelectual na definição das diretrizes de política externa da administração Bush filho, principalmente após os ataques terroristas de 11 de setembro. À primeira vista, um olhar superficial sobre a postura desse grupo para os casos do Afeganistão e sobretudo do Iraque nos ofereceria, possivelmente, uma percepção dos neoconservadores como um grupo coeso e unitário em suas proposições. No entanto, apesar de identificarmos continuidades e similaridades internas nesse grupo, sua formação reúne sob a mesma alcunha indivíduos de gerações e origens diferentes que, por vezes, também divergem sobre uma mesma temática.

Para compreendermos melhor sua atuação no *establishment* norte-americano no contexto pós-11/09, faz-se antes necessário uma breve historiografia recente desse movimento intelectual a fim de enxergarmos como a sua trajetória de formação e consolidação no cenário político dos Estados Unidos foi importante para moldar o que hoje se entende por neoconservadorismo.

Surgimento e afirmação

O grupo que futuramente seria denominado de neoconservador nasceu na esquerda radical, mas, ao longo dos anos, foi se identificando com a extrema direita. A primeira geração, ou os *founding fathers* desse movimento, emergiu de um grupo de intelectuais trotskistas judeus, denominados *New York intellectuals*, que apesar de sua orientação à esquerda romperam com os marxistas e rejeitaram o modelo comunista soviético por não acreditarem na sua aplicabilidade. Esse primeiro rompimento com os marxistas, seguido de um segundo rompimento com a Nova Esquerda e de um terceiro com os liberais, é significativo para compreendermos o percurso da inserção política do neoconservadorismo e de sua aproximação com a direita (Thompson; Brook, 2010).

A ruptura com a Nova Esquerda ocorreu por volta dos anos 1960, quando os futuros neoconservadores denunciaram o movimento de contracultura difundido nos Estados Unidos. Para eles, esse movimento de contestação social e cultural, em que se pretendia questionar os valores e costumes da sociedade norte-americana e propor uma nova visão para temas como aborto, drogas, direitos homossexuais, entre outros, gerava na verdade uma corrupção pela esquerda dos valores tradicionais e fundamentais daquela sociedade (Teixeira, 2010). Era necessário, então, combater o movimento de contracultura para preservar os valores morais norte-americanos.

Com relação aos liberais, o rompimento se deveu à identificação, pelos neoconservadores, do que entendiam como patologias do liberalismo moderno, tanto no nível individual quanto no social e no político. Nos dois primeiros níveis, eles criticavam o liberalismo por incentivar os indivíduos a agirem apenas em busca do próprio interesse, o que minava as noções de laços e interesses comuns. Esse individualismo, segundo a crítica, promovia uma sociedade em que qualquer noção de valores comunitários ou de um *ethos* social era esmagado pelas demandas das liberdades individuais e dos desejos privados. No campo político, afirmavam que o liberalismo havia transformado a democracia em uma mera técnica de tomada de decisão e não mais um valor político *per se*, de maneira que o comprometimento da sociedade em defender a ordem política havia sido esvaziado (Williams, 2005).

Nesse sentido, um dos traços de continuidade identificado entre as gerações de neoconservadores é, justamente, essa forma de pensamento sobre a natureza da política moderna. A comunidade política norte-americana, ou o que poderíamos chamar de *collective self*, é para o movimento neoconservador uma entidade com caráter ontológico, de tal forma que para combater a degradação dos valores tradicionais dessa comunidade eles propõem uma dupla estratégia: a primeira, de "reacender a virtude individual e reconectar o indivíduo com a comunidade, mostrando que a virtude republicana é parte do ideário nacional da própria República" (Williams, 2005, p.12);[1] e a segunda, a valorização do nacionalismo como a melhor ideologia política disponível com capacidade de unir a sociedade

||||||||||||

1 No original: "it seeks to rekindle individual virtue and to reconnect the individual to the community by showing how republican virtue is part of the national ideal of the Republic itself".

norte-americana. Utilizando as palavras de Irving Kristol, considerado um dos fundadores do movimento, o "neoconservadorismo não é meramente patriótico – isso é perceptível – mas também nacionalista. Patriotismo surge do amor ao passado da nação; nacionalismo irrompe da esperança no futuro da nação e da sua nítida grandeza" (Kristol apud Williams, 2005, p.12).[2]

Um segundo rompimento com os liberais se deu quando os neoconservadores migraram do partido Democrata para o partido Republicano. A indicação do senador George McGovern pelos democratas para concorrer às eleições presidenciais de 1972, com a adoção de um discurso mais isolacionista e de retirada dos Estados Unidos do Vietnã, fez que os neoconservadores não mais se identificassem com a postura do partido, preferindo, ainda que insatisfeitos, apoiar a campanha de Nixon. Foi a partir desse evento que o intelectual socialista norte-americano Michael Harrington[3] cunhou o termo "neoconservador", o qual, mesmo tendo sido criado para qualificar pejorativamente o grupo, acabou sendo aceito por eles (Teixeira, 2010).

O neoconservadorismo só veio a atingir seu auge nos anos 1980 com a eleição de Ronald Reagan. A adoção por essa presidência de uma postura mais veemente perante a União Soviética e o abandono

||||||||||||

2   No original: "Neoconservatism is not merely patriotic – that goes without saying – but also nationalist. Patriotism springs from a love of the nation's past; nationalism arises out of hope for the nation's future, distinctive greatness". Segundo os neoconservadores, é justamente essa proposta de olhar e pensar no futuro da nação, mas sem esquecer ou negligenciar os valores tradicionais basilares da sociedade norte-americana, que os diferenciam do movimento conservador. O "neo" viria dessa capacidade autoconferida de conseguir formular uma proposta política atual e viável para os Estados Unidos, considerando suas tradições sem, entretanto, se manterem presos ao passado como o fazem os conservadores.

3   Apesar dessa informação ser veiculada na bibliografia especializada sobre o tema, sua veracidade ainda carece de confirmação, na medida em que o próprio Podhoretz (1996), em artigo na revista *Commentary*, refuta a versão de que o termo "neoconservador" tenha sido cunhado por Michael Harrington.

do tom moderado assumido no período da *détente* fizeram com que as propostas neoconservadoras de uma política externa mais assertiva e combativa com relação ao "inimigo soviético" ganhassem espaço no cenário político norte-americano e se traduzissem em ações externas concretas. Durante o período da Guerra Fria, o discurso neoconservador esteve focado no combate a esse inimigo específico. Com o fim da União Soviética e a inexistência de um inimigo referente capaz de canalizar as atenções internas, o movimento neoconservador sofreu uma desestabilização.

Período de latência

Ainda que alguns autores identifiquem no período que vai do fim do comunismo soviético aos ataques de 11 de setembro uma possível morte do neoconservadorismo, e ainda que mesmo alguns neoconservadores da primeira geração tenham explicitamente reconhecido tal morte,[4] não acreditamos que esse termo expresse de forma acurada o que se deu nesse período. Mesmo inicialmente desestabilizado[5] e com perda da relevância alcançada na presidência Reagan, o movimento intelectual neoconservador continuou dialogando no cenário político norte-americano e marcando sua presença por meio de revistas e *think tanks*.

||||||||||||

4 Norman Podhoretz (1996), no supracitado artigo publicado na revista *Commentary*, afirma claramente que, apesar de opiniões divergentes tanto da direita quanto da esquerda, o neoconservadorismo poderia ser dado como morto, mas seu legado ainda continuaria presente por muitos anos. Por mais que, em nossa opinião, Podhoretz tenha se enganado quanto à morte do movimento, seu legado de fato se manteve presente nos anos seguintes, a ponto mesmo de influenciar novamente outra administração norte-americana.

5 Essa desestabilização não foi sentida apenas pelo movimento neoconservador, mas repercutiu pelos Estados Unidos em um momento de indefinição interna sobre quais deveriam ser os futuros rumos da sua política externa, trazendo à tona as tradicionais discussões entre isolacionistas e internacionalistas. Guardadas as devidas nuances desse debate interno polarizado, poderíamos localizar o neoconservadorismo como próximo a uma perspectiva internacionalista.

A manutenção de uma intensa presença de neoconservadores nesse período pode ser identificada pela constante elaboração de documentos e cartas dirigidas aos governos norte-americanos, tais como: o *Defense Planning Guidance*,[6] redigido por Wolfowitz, em 1992, que afirmava que os Estados Unidos deveriam manter uma inquestionável superioridade militar para desencorajar quaisquer outros países a aspirar à posição de liderança ou ameaçar a liderança norte-americana; o *Statement of Principles*, de 1997, que foi o primeiro documento assinado pelos neoconservadores expressando objetivos geopolíticos para a conservação da hegemonia norte-americana e que sinalizava a necessidade da supremacia militar como instrumento para forçar os demais países do sistema internacional a respeitarem as regras impostas pelos Estados Unidos (Vaïsse, 2010); e as cartas abertas para o presidente Clinton e para os membros republicanos do Congresso, em que se criticava a postura norte-americana perante o Iraque.

Em meio a esse ambiente interno de discussões sobre quais deveriam ser os novos rumos da política externa norte-americana, o posicionamento neoconservador não se manteve coeso. Para os intelectuais da primeira geração, como Irving Kristol, Jeane Kirkpatrick e Nathan Glazer, os Estados Unidos tinham cumprido sua missão no cenário internacional e, portanto, deveriam adotar uma postura introspectiva de prioridade às questões internas e uma política externa mais discreta. Para a segunda geração, no entanto, composta por Michael Ledeen, Norman Podhoretz, Elliott Abrams, Robert Kagan, Charles Krauthammer e William Kristol (filho de Irving), era justamente esse tipo de posicionamento indicado pela primeira geração que levou ao emprego de políticas ineficazes como a da *détente*. Eles propunham uma política externa mais intervencionista

||||||||||||

6 É importante salientar que nesse documento é abordada pela primeira vez a doutrina da guerra preemptiva, a qual pode ser definida pelo uso de ataques baseados em evidências incontestáveis sobre a iminência de um ataque inimigo.

e difusora da democracia, sob o argumento de que a disseminação desses valores não tinha sido apenas um produto da contenção do comunismo, mas sim sua própria *raison d'être* e, portanto, os Estados Unidos deveriam continuar exercendo seu papel de propagador dos valores democráticos (High, 2009; Vaïsse, 2010).

Dessa forma, para essa segunda geração de neoconservadores a ação externa norte-americana não deveria mais se basear nos questionamentos "onde está a ameaça?" ou "onde se encontra o inimigo?". O perigo estava em os Estados Unidos negligenciarem suas responsabilidades de manter a paz e a segurança internacionalmente, de maneira que a pergunta norteadora deveria ser "como agir" para evitar que uma nova grande ameaça surgisse (Kagan; Kristol, 2000). Após a (autoproclamada) vitória na Guerra Fria, os Estados Unidos deveriam extrair o máximo de vantagens possível da unipolaridade enquanto esta existisse, moldando a ordem internacional em favor de seus interesses e preservando a hegemonia conquistada por meio de sua superioridade militar (Teixeira, 2010).

No entanto, sem um claro inimigo referencial, os neoconservadores acabaram indo de encontro a esse discurso e novos possíveis inimigos começam a ser por eles elencados, como a Rússia, a China, o Iraque, o Irã e a Coreia do Norte (Kagan; Kristol, 2000). Nesse momento surgem diversas tentativas de corporificar uma nova ameaça que substituísse o vácuo deixado pelo comunismo, como o combate ao crime organizado, a Estados que não conseguem ou não promovem propositalmente condições de subsistência para seus nacionais e geram uma atmosfera de insegurança, e a guerra contra as drogas. Ainda que o engajamento contra tais questões trouxesse temporariamente um alvo a ser combatido, elas não tinham a mesma força mobilizadora e o mesmo peso que o antigo inimigo comunista.

Para compreendermos o neoconservadorismo é necessário também que situemos esse movimento no contexto dos debates estratégicos que floresceram nos Estados Unidos ao longo dos anos 1990. No geral, foram consideradas quatro possíveis orientações externas:

(i) de caráter mais isolacionista, o projeto propunha uma grande redução nos gastos militares e um "voltar-se para dentro", ou seja, uma priorização das questões domésticas; (ii) uma segunda proposta considerava uma inserção internacional por meio do "engajamento seletivo", em que os Estados Unidos interviriam apenas em questões que ameaçassem seus interesses; (iii) o terceiro projeto indicava a necessidade de uma estratégia de hegemonia global, em que os Estados Unidos deveriam se manter ativamente presentes em todas as questões internacionais, o que exigiria um grande orçamento para o setor militar; (iv) a quarta opção seria adotar o multilateralismo e reforçar a utilização de foros como a ONU e a Otan (Vaïsse, 2010). Durante os governos que sucederam o fim da Guerra Fria, a política externa norte-americana gravitou entre esses projetos estratégicos. No entanto, a postura neoconservadora de 1989 em diante se aproxima de um projeto de hegemonia global ou, como afirma Kagan (1998), de um "império benevolente".[7]

O termo "império" também não é consenso entre os neoconservadores. No entanto, segundo Kagan (1998), os Estados Unidos poderiam receber a alcunha de "império benevolente",[8] uma vez que sua atuação internacional não segue o modelo do imperialismo clássico, no qual as grandes potências buscavam a conquista e a expansão

||||||||||||

7　Ao contrário de alguns realistas que defendem a existência de uma configuração bipolar de forças no sistema internacional como a forma mais estável e capaz de manter a paz (Waltz, 2002), os neoconservadores acreditam que tais estabilidade e paz são melhor alcançadas através de uma unipolaridade (ou império) benigna. Para Krauthammer (2002), essa "benignidade" não é fruto de uma *self-congratulation*, mas sim de exemplos concretos fornecidos pela história, como a superioridade da Alemanha Ocidental em relação à Oriental, da Coreia do Sul em relação à do Norte, entre outros. Essa "benignidade", afirma ainda o intelectual, pode ser identificada também pelo bom acolhimento que o mundo (ou sua maior parte) tem do poder norte-americano.

8　Max Boot, Irving e William Kristol aceitam a utilização do temo *império*. No âmbito deste livro, de acordo com nosso entendimento do movimento de securitização realizado pelos Estados Unidos no Iraque, acreditamos que a palavra *império* seja mesmo mais apropriada.

territorial. Na verdade, sua grande qualidade se encontraria na capacidade de internalizar as questões internacionais como relativas a seu próprio interesse nacional e, dessa forma, enxergar como seus os interesses da comunidade internacional. Ainda segundo o autor, mesmo com a arrogância e as possíveis falhas dos Estados Unidos, que seriam naturais no exercício do poder, esse país, em comparação com os antigos impérios, se distinguiria como o menos arrogante e o mais apto a administrar as questões globais. Em razão desse altruísmo, com a primazia dos Estados Unidos o mundo seria um lugar mais seguro e menos desordenado. Nas palavras de Irving Kristol, sobre a ideia de um império norte-americano:

> Um dia desses, o povo norte-americano vai despertar para o fato de que nos tornamos uma nação imperial, ainda que a opinião pública e todas as nossas tradições políticas sejam hostis a essa ideia. Não é nenhuma ambição extravagante de nossa parte definir nosso destino dessa forma, nem é isso uma forma de conspiração por uma elite da política externa. Isso aconteceu porque o mundo quis que acontecesse, precisava que acontecesse, e sinalizou essa necessidade em uma longa série de relativas crises menores que não poderiam ser resolvidas senão pelo envolvimento norte-americano. (Kristol, 1997)[9]

É possível, assim, identificar já no final dos anos 1990 um esforço dos neoconservadores para se restabelecerem como um grupo com peso intelectual na cena política norte-americana. Somada à construção de um entendimento próprio acerca da orientação da política

||||||||||||

9 No original: "One of these days, the American people are going to awaken to the fact that we have become an imperial nation, even though public opinion and all of our political traditions are hostile to the idea. It is no overweening ambition on our part that has defined our destiny in this way, nor is it any kind of conspiracy by a foreign policy elite. It happened because the world wanted it to happen, needed it to happen, and signaled this need by a long series of relatively minor crises that could not be resolved except by some American involvement".

externa a ser adotada pelos Estados Unidos, o delineamento de dois inimigos, os *outlaw states* e o terrorismo, ofereceu um novo fôlego a seu discurso combativo. Esse ressurgimento, no entanto, só ganhará força total após os ataques de 11 de setembro.

Dessa forma, mesmo que nesse período as vozes neoconservadoras não tivessem uma grande aceitação pelo núcleo formulador de política externa e, portanto, não se traduzissem em ações concretas, o movimento continuava confrontando e se posicionando politicamente. Por isso, qualificar esse momento como uma "morte" do neoconservadorismo nos parece exagerado e pouco preciso. Em nossa percepção, talvez seja mais acurado qualificar esse período que vai de 1989 a 2001 como uma fase de latência na qual, ainda que à margem do *establishment* norte-americano, o movimento neoconservador se mantinha em atividade.

O 11 de Setembro e a retomada neoconservadora

A ascensão de Bush filho à presidência se deu de maneira conturbada e com pouca legitimidade em decorrência de uma vitória contestável sobre Al Gore. Mesmo que nesse momento ainda não fosse possível prever a guinada neoconservadora que se sucederia nos anos seguintes, a escolha de seus assessores e o preenchimento de cargos-chave de sua administração, como a indicação de Condoleezza Rice como conselheira de segurança nacional, Donald Rumsfeld para a secretaria de Defesa e a presença do vice-presidente Dick Cheney[10] já indicavam uma inclinação à direita. A figura mais moderada, em meio aos falcões neoconservadores, era a de Colin Powell, secretário

||||||||||||

10   Ainda que Cheney, Rumsfeld e o próprio presidente Bush não possam ser caracterizados exatamente como neoconservadores *stricto sensu*, as ideias desse movimento influenciaram consideravelmente suas ações. Além disso, Cheney e Rumsfeld, ao longo dos anos 1990, trabalharam em conjunto com neoconservadores, fato que também explica a influência desse grupo (Thompson; Brook, 2010).

de Estado, que preferia a adoção de uma política hegemônica de baixo perfil (*low profile*). Uma vez que, no governo Bush, a tomada de decisões mantinha-se centralizada no Departamento de Defesa e no Conselho de Segurança Nacional, a opinião de Powell era marginalizada nesse processo (Pecequilo, 2005).

Após os ataques terroristas de 11 de setembro,[11] Bush iniciou uma campanha internacional de ofensiva contra o terrorismo para reduzir a sensação de insegurança nos Estados Unidos através de uma declaração de guerra, da convocação de uma aliança internacional e de uma empreitada rumo à identificação e punição dos responsáveis. A força das imagens das Torres Gêmeas desabando, repetidamente exibidas pelas agências de televisão norte-americanas, junto com os discursos do presidente Bush, gerou um misto de medo e ansiedade por vingança nos Estados Unidos, o que, devido a seu poder simbólico, ofereceria uma "carta branca" nacional para as ações de política externa.

O 11 de Setembro, mesmo que por coincidência, foi o tipo de catástrofe que se encaixou perfeitamente nos alertas neoconservadores sobre as consequências de uma atuação externa norte-americana pouco assertiva. Para eles, os atentados terroristas comprovaram, da pior forma possível, que no pós-Guerra Fria os Estados Unidos demostraram pouco sua força em nível internacional, como no caso da Guerra do Golfo, em que a intervenção norte-americana deveria não apenas ter retirado Saddam Hussein do Kuwait como avançado para removê-lo do poder (Vaïsse, 2010). O neoconservadorismo ganhou considerável inserção no *establishment* da presidência Bush

||||||||||||

11 Sobre os atentados, é relevante comentar a importância simbólica dos alvos escolhidos. A escolha do World Trade Center e do Pentágono não tinha a intenção de afetar a capacidade de resposta dos Estados Unidos, mas, sim, no primeiro caso, de atacar um símbolo do modo da vida norte-americano (Pecequilo, 2005) e, no segundo, devido ao alvo não ser necessariamente as capacidades militares objetivas norte-americanas, de atacar politicamente um símbolo da defesa dos Estados Unidos.

filho, pois, além de ser um projeto de política externa disponível naquele momento, também atendia à necessidade interna de resposta e vingança. Se comparados o governo Clinton com o de seu sucessor, a identificação de inimigos alhures não sofreu muitas alterações; o que mudou, na verdade, foi o comportamento do país com relação a eles: o governo Bush filho adotou uma postura de "ainda mais" – ainda mais ênfase no acúmulo de poder militar, mais autoridade na figura do presidente e mais esforços para impor a vontade norte-americana ao mundo (Bacevich, 2007).

No entanto, somente as ações terroristas em Nova York e Washington não são suficientes para explicar a retomada neoconservadora. De acordo com High (2009), o neoconservadorismo se reinventou durante os anos 1990, tanto ideológica quanto organizacionalmente, de maneira que mais três fatores poderiam ser elencados para explicar sua retomada: (i) a atuação em revistas como a *The Weekly Standard*, cuja circulação girava em torno de 60 mil exemplares; (ii) a capacidade dos neoconservadores para pensar de modo organizacional, criando pequenas organizações *ad hoc* e *think tanks*, como o Project for the New American Century (PNAC) em 1997, com o objetivo de influenciar a opinião nos Estados Unidos em tópicos específicos; e (iii) a habilidade de marginalizar seus inimigos dentro do partido Republicano, por meio de alianças com grupos que não poderiam ignorar, tal qual a direita cristã, provocando um recuo dos mais moderados no partido. Em resumo, os neoconservadores talvez não tivessem conseguido se aproveitar do momento pós-11/09 para retomar sua inserção sem a prévia existência de um movimento ativo.

Em âmbito nacional, as primeiras medidas tomadas foram a criação de uma comissão bipartidária, com o objetivo de investigar os fatos que permitiram o acontecimento dos ataques, e do Departamento de Segurança Doméstica (Department of Homeland Security), com vistas a desenvolver internamente ações antiterroristas. O governo Bush também lançou o Ato Patriota (USA Patriotic

Act), um conjunto de leis que pretende prevenir futuros ataques terroristas: o aumento do poder das agências federais e locais; a instauração de tribunais militares de exceção; a prisão, isolamento e possível deportação de suspeitos; o monitoramento de chamadas telefônicas, correspondências, computadores e movimentações bancárias (Pecequilo, 2005); e a redefinição do conceito de "tortura", de maneira que os militares norte-americanos pudessem se valer de práticas interrogatórias que internacionalmente seriam consideradas como tortura, sem ferir o Código Criminal dos Estados Unidos (Falk, 2008).

O medo e a insegurança daquele momento favoreceram a aprovação, no Congresso, e aceitação, pelo grande público, de medidas que acabavam propiciando a restrição das liberdades individuais e a invasão da privacidade dos nacionais norte-americanos. Dessa forma foi possível transportar para a sociedade norte-americana um viés conservador do partido Republicano através da criação de um Estado policial (Pecequilo, 2005). A influência do neoconservadorismo passou a ser identificável a partir das primeiras ações, não só externas como internas, no pós-11/09. Segundo os neoconservadores, os cidadãos comuns, por si sós, não teriam capacidade de identificar o que seria o bem geral para a sociedade e, por isso, os mesmos neoconservadores consideravam que todas as esferas da vida social dos norte-americanos deveriam ser submetidas à regulação e ao controle de uma elite. Em nome dos valores e virtudes tradicionais dos Estados Unidos, os neoconservadores não descartaram a utilização de medidas coercitivas pelo Estado e apoiaram a ação governamental no sentido de intervir para orientar a moralidade e as preferências públicas (Thompson; Brook, 2010).

> Tudo isso é uma consequência política da visão neoconservadora sobre a natureza humana. Os neoconservadores tratam os norte-americanos comuns como crianças que precisam de aconselhamento e direção paternal [...]. Eles assumiram o papel de tutores da maioria vulgar norte-americana

e estão dispostos a usar o poder coercitivo do Estados para forçar os indivíduos a atuarem por seu próprio bem. (Thompson; Brook, 2010, p.166)[12]

Duas grandes intervenções também marcaram esse período de combate ao terror: a do Afeganistão e a do Iraque. A primeira foi realizada em 2001, com aprovação do Conselho de Segurança da ONU, em grande parte oriunda de uma solidariedade internacional com a situação norte-americana. A segunda, que será explorada mais adiante, ocorreu sem a anuência do Conselho e por meio de um posicionamento unilateral dos Estados Unidos.[13]

A presença dos neoconservadores no governo Bush também pode ser identificada na preferência em tratar o terrorismo internacional pela via militar. De acordo com os falcões neoconservadores, a reação norte-americana ao Afeganistão deveria se basear na doutrina militar do *shock and awe*, ou seja, na utilização rápida e massiva de uma esmagadora força militar. Dessa forma, no primeiro momento os Estados Unidos seriam capazes de destruir o regime talibã e a Al Qaeda, prendendo líderes como Osama bin Laden, e, posteriormente, reconstruir o cenário econômico e político afegão, além de avançar rumo à eliminação do terrorismo transnacional. A visão de Powell, contrária a esse tipo de postura, ainda que marginalizada na decisão final de efetivamente realizar uma intervenção, foi considerada apenas no que se refere à busca de aprovação e cooperação internacional. No entanto, segundo vozes dissonantes e alternativas ao pensamento neoconservador:

||||||||||||

12 No original: "All of this is a necessary political consequence of the neoconservative view of human nature. The neocons treat ordinary Americans as though they are children in need of nurturing parental guidance. [...] The neocons have assumed the role of paternal guardians for America's vulgar many, and they are more than willing to use the coercive power of the State to force individuals to act for their own good".

13 Apesar de a intervenção ter sido realizada pela denominada *coalition of the willing*, que contava ao todo com 49 países, alguns apenas se comprometeram a ajudar no pós-intervenção e, à parte a ajuda do Reino Unido, a maioria do contingente militar era dos Estados Unidos, o que justifica a caracterização dessa ação como unilateral.

Havia ainda a percepção de que o ataque ao Afeganistão não necessariamente resolveria o problema do terrorismo internacional, na medida em que se tratava apenas de um dentre vários santuários de grupos hostis. Segundo essa visão, a destruição da Al-Qaeda não será atingida somente pelo ataque ao Afeganistão, retirando os talibãs do poder, mas sim através de um processo de longo prazo sustentado no desmantelamento de sua rede global e de seus mecanismos de financiamento e recrutamento. Para isso, mais do que armas, seriam necessárias ações de inteligência, combate à lavagem de dinheiro e uma contraposição ideológica a esse discurso. Isto é, a guerra seria multidimensional, multilateral, e sustentada tanto no *soft* quanto no *hard power* dos Estados Unidos e seus aliados. Demonstrava-se, portanto, uma correta percepção dos riscos e dilemas envolvidos nas novas guerras assimétricas que descrevemos. (Pecequilo, 2005, p.384)

A Estratégia Nacional de Segurança de 2002 (National Security Strategy) pode ser considerada um dos documentos mais expressivos da influência do neoconservadorismo no governo Bush. Posteriormente identificada como delineadora das diretrizes do que viria ser a chamada "Doutrina Bush", a visão de mundo expressa no documento é em grande parte reducionista e dicotômica, na medida em que apresenta o cenário internacional como dividido entre amigos e inimigos dos Estados Unidos e da democracia, além de afirmar que a única forma de se alcançarem a paz e a segurança seria por meio da ação. Tal ação se expressaria na deposição de regimes autoritários, e na substituição destes por outros democráticos, por meio de ataques preemptivos ou preventivos, sob a justificativa de que, uma vez que democracias não declaram guerra entre si, um mundo mais democrático seria, consequentemente, um mundo mais seguro.

A Doutrina Bush se resume então em quatro elementos principais: (i) a percepção de que existem grandes ameaças internacionais, as quais só podem ser derrotadas mediante políticas vigorosas, principalmente a da guerra preventiva; (ii) a disposição de agir unilateralmente quando necessário; (iii) a concepção de que, para a

manutenção da paz e da estabilidade globais, se faz necessária a manutenção da primazia norte-americana; (iv) a importância da capacidade de regimes estatais influenciarem na formulação da política
externa e, por isso, o julgamento de que ações de mudança de regime
seriam capazes de transformar a política internacional (Jervis, 2003).

Utilizando a metáfora de Thompson e Brook (2010), o neoconservadorismo pode ser comparado a um ovo Fabergé, composto por
várias camadas, em que algumas delas são intencionalmente menos
visíveis que outras. O movimento neoconservador se origina na esquerda trotskista, porém, ao longo dos anos, se aproxima da extrema
direita norte-americana e se ajusta politicamente ao partido Republicano; o movimento possui características mistas de cunho liberal e conservador, e assim não pode ser considerado essencialmente
liberal – pois compartilha com o pensamento conservador algumas
perspectivas, como a crença na preservação dos valores tradicionais
norte-americanos – e nem completamente conservador – uma vez
que critica essa vertente por estar presa ao passado sem considerar
as necessidades presentes e futuras dos Estados Unidos; ele possui,
também, uma grande presença de intelectuais judeus, ainda que, para alguns estudiosos, não se trate de um movimento judeu *per se*. O
neoconservadorismo é, então, um "confuso amálgama de diferentes
ideologias" (Kristol apud Thompson; Brook, 2010, p.4). Nesse sentido, principalmente após a retomada neoconservadora no *establishment* norte-americano, e para fins deste estudo, nos cabe apresentar
quais são as propostas gerais comumente aceitas pela maioria do
grupo no que se refere à política externa dos Estados Unidos.

De acordo com nossa visão, mesmo com as restrições já apresentadas, os neoconservadores se situam mais próximos de uma
perspectiva liberal-conservadora, ainda que seu discurso seja de afastamento dela. Tal afastamento, acreditamos, é mais uma tentativa de
se apresentar como algo novo perante a política norte-americana do
que de fato uma total falta de afinidade com esses campos. Entre outros fatores, essa correlação é perceptível principalmente no discurso

de resgate da virtude republicana, em que os neoconservadores propõem uma lógica assertiva para esfera internacional, não somente para fins de política externa como de política interna. Nessa interseção, através de um altruísmo externo, os Estados Unidos seriam capazes de recuperar os valores morais da sociedade norte-americana há muito tempo dissolvidos.

Os pilares centrais do neoconservadorismo para a política externa

Por mais que o neoconservadorismo seja destacado como um movimento multifacetado e com discordâncias internas sobre uma mesma temática, como apontado anteriormente, ainda assim é possível identificar nesse grupo alguns pilares centrais que sustentam sua perspectiva no que se refere à política externa norte-americana. Esses pilares são oriundos não só da percepção que esse grupo tem dos Estados Unidos, mas também de sua visão de mundo e do entendimento de uma ordem internacional específica que os integrantes desse grupo pretendem construir. Através da apresentação desse panorama, pretendemos destacar alguns temas predominantes[14] nessa corrente de pensamento com o intuito de facilitar o reconhecimento de sua influência nos discursos e nas ações políticas do governo Bush, principalmente no que concerne ao movimento de securitização que levou à intervenção no Iraque. Assim, na próxima seção, intercalaremos as temáticas do neoconservadorismo com alguns trechos de discursos do presidente Bush e sua administração.

||||||||||||

14 Muitos desses temas não são abordados com exclusividade pelos neoconservadores, sendo encontrados também em outras correntes de pensamento da política externa norte-americana. Esse caráter inter-relacional e multifacetado pode ser explicado pela trajetória desse movimento, na qual o processo de ajustamento entre a esquerda trotskista e posterior maior aproximação com a direita lhe possibilitou a incorporação de diversos elementos.

Excepcionalismo internacionalista

Nos anos 1990, em meio aos debates sobre a necessidade de rea-
dequação da política externa norte-americana, o movimento neoconservador já propunha uma perspectiva mais internacionalista
para os Estados Unidos. Essa perspectiva se baseia em dois entendimentos. Primeiro, na visão neoconservadora, o momento unipolar
vivenciado no pós-Guerra Fria precisava ser aproveitado pelo máximo de tempo possível e, contrariando os grupos de caráter mais
isolacionista, defendia a utilização desse contexto para expandir a
presença e a atuação dos Estados Unidos em assuntos globais. Em
segundo lugar, essa lógica internacionalista também se justificava pela crença desse grupo no excepcionalismo norte-americano; ou seja, a crença na "América" como um país excepcional, com trajetória e
desenvolvimento únicos e, portanto, superior aos demais. Sua conformação, além de servir de exemplo global de nação a ser seguida,
conferia aos Estados Unidos a missão de levar para outros Estados
seu modelo de civilização. De acordo com Bush, em discurso profe-
rido no dia dos atentados,

> Um grande povo foi mobilizado para defender uma grande nação.
> Ataques terroristas podem balançar as fundações de nossas maiores cons-
> truções, mas não podem tocar o alicerce dos Estados Unidos. Esses atos
> esmagaram aço, mas não podem abalar o aço da determinação norte-ame-
> ricana. Os Estados Unidos foram atacados porque são o mais vivo farol da
> liberdade e da oportunidade no mundo. E ninguém impedirá essa luz de
> continuar brilhando. (Bush, 2001a)[15]

||||||||||||

15 No original: "A great people has been moved to defend a great nation. Terrorist
attacks can shake the foundations of our biggest buildings, but they cannot touch the
foundation of America. These acts shattered steel, but they cannot dent the steel
of American resolve. America was targeted for attack because we're the brightest
beacon for freedom and opportunity in the world. And no one will keep that light
from shining".

Devido à incorporação desse viés missionário pelo pensamento neoconservador, poderíamos relacioná-lo com uma tradição wilsonianista de política externa, que entende como parte dos interesses norte-americanos, e sobretudo sua obrigação, garantir a paz e a segurança internacional. Os Estados Unidos, segundo essa tradição, não deveriam se isolar do resto dos problemas mundiais, mas sim se engajar em sua resolução e até mesmo ir à guerra quando necessário.[16] Entretanto, wilsonianismo e neoconservadorismo divergem no que se refere aos meios empregados para estabelecer tal internacionalismo. Enquanto Wilson propunha a subordinação norte-americana às instituições e prezava pelo uso da diplomacia, o neoconservadorismo, apesar de não descartar completamente os recursos diplomáticos, normalmente os associa ao uso da força e demonstra descrença no papel das instituições. De acordo com Mearsheimer (2005), o neoconservadorismo seria, na verdade, um "wilsonianismo com dentes".

Dessa forma, os neoconservadores conseguem combinar em uma mesma proposta de política externa características tanto do realismo quanto do idealismo,[17] ainda que não se identifiquem com nenhum dos dois. Com a estratégia do "império benevolente", eles pretendem garantir segurança para os Estados Unidos (perspectiva realista do *self-interest*), além de segurança e valores democráticos para os demais países (perspectiva idealista do *self-sacrifice* em nome da coletividade internacional) (Thompson; Brook, 2010). Seu comportamento hegemônico seria justificável, pois eles são os únicos com capacidade para assumir, como de fato assumem, a

||||||||||||

16 É importante lembrar que foi o próprio Wilson quem levou os Estados Unidos à Primeira Guerra Mundial.
17 Sobre o papel que concedemos à teoria, é importante salientar que não a percebemos apenas como lente explicativa das questões internacionais, ou como mero instrumento analítico a ser escolhido por aquele que se debruça sobre questões referentes à área. Ao contrário, consideramos que a teoria tem capacidade de construir, conduzir e até mesmo de constranger a realidade.

responsabilidade de criar uma ordem que lhes seja favorável e favorável aos outros países.

> Nós não pedimos esse atual desafio, mas nós o aceitamos. Como outras gerações de norte-americanos, nós cumpriremos nossa responsabilidade de defender a liberdade humana contra a violência e a agressão. Com nossa determinação, nós daremos força aos outros. Com nossa coragem, levaremos esperança aos outros. E com nossas ações garantiremos a paz e lideraremos o mundo em direção a dias melhores. (Bush, 2002c)[18]

Para fazer avançar em âmbito global esse *excepcionalismo internacionalista*,[19] os neoconservadores defendem a necessidade de altos orçamentos para a defesa e a manutenção da supremacia militar

||||||||||||

18 No original: "We did not ask for this present challenge, but we accept it. Like other generations of Americans, we will meet the responsibility of defending human liberty against violence and aggression. By our resolve, we will give strength to others. By our courage, we will give hope to others. And by our actions, we will secure the peace and lead the world to a better day".

19 Denominamos a ação neoconservadora como pautada em um excepcionalismo internacionalista por acreditarmos que tal expressão aglutina dois significados de considerável importância para o pensamento neoconservador e, portanto, possui grande capacidade de síntese. Na valorização do excepcionalismo, resgatando uma perspectiva wilsonianista de política externa, os neoconservadores destacam o caráter extraordinário dos Estados Unidos e sua formação política e social. Explorando a metáfora Sermão na Montanha, conhecida nos Estados Unidos, e aproveitando a interseção entre a política norte-americana e a religião, os neoconservadores levam ao extremo a lógica dos Estados Unidos como uma cidade no topo da colina (*a city upon a hill*) – uma cidade acima das demais, em sentido objetivo e subjetivo, a qual deve dar o exemplo e ser seguida como exemplo. Em conjunto com essa perspectiva, trazem a proposta de um internacionalismo assertivo, pautado na utilização dos foros internacionais quando possível, mas na valorização do unilateralismo e da preservação do momento unipolar. Nesse aspecto, eles vão de encontro ao wilsonianismo e extrapolam sua lógica ao proporem o internacionalismo em vez do isolacionismo, a projeção em vez do resguardo do modelo norte-americano como forma de proteção. Dessa forma, as outras temáticas do neoconservadorismo estabelecidas neste capítulo, o unilateralismo, a importância da capacidade militar e a democracia, gravitam em torno desse excepcionalismo internacionalista e são justificadas por ele, por isso a sua importância.

norte-americana. Só através de um *hard power* sempre disponível e imbatível os Estados Unidos poderiam manter sua liderança e agir unilateralmente quando necessário.

Unilateralismo e importância na capacidade militar

Em razão do caráter excepcional dos Estados Unidos, os neoconservadores consideram que sua ação externa deve sempre que possível buscar uma concertação multilateral para a resolução das questões internacionais, mas também sempre reservam ao país o direito de agir sozinho quando necessário. Essa postura se justificaria pelo entendimento neoconservador dos Estados Unidos como uma potência indispensável e como a única nação com capacidade e disposição para pagar o preço de assumir as responsabilidades internacionais. De acordo com os neoconservadores, os europeus, que por vezes criticam essa atitude norte-americana, são atualmente um *quase* protetorado dos Estados Unidos, pois passaram a se preocupar mais com suas questões internas e não têm nenhuma ambição além da preservação de seu Estado de bem-estar social. Os Estados Unidos, nesse contexto de afastamento europeu, na avaliação dos neoconservadores, mantêm sua posição de império benevolente e seguem, como afirma Kristol (1997), "sem demandar ainda um apoio da Europa *quasi* automático; mas pressões com relação a isso têm se tornado irresistíveis". Ainda sobre essa questão,

> Os críticos acham isto paradoxal: agir unilateralmente, mas com objetivos globais. Por que paradoxal? Alguém dificilmente argumentará que privar Saddam (e, potencialmente, os terroristas) de armas de destruição em massa não é um objetivo global. O unilateralismo pode ser necessário para alcançar tal objetivo. Podemos ficar isolados ao fazer isso, mas estaremos agindo em nome dos interesses globais – maiores que apenas os próprios interesses norte-americanos, e maiores também que os interesses próprios de pequenas e mais fracas potências (até grandes potências) que não ousam

confrontar a ameaça em ascensão. O que é esse interesse maior? Definido de maneira geral, é manter um sistema unipolar estável, aberto e em funcionamento. (Krauthammer, 2002, p.15)[20]

Nesse sentido, na medida em que os Estados Unidos identificam como seu próprio interesse os interesses globais, suas mãos não poderiam ser atadas pela comunidade internacional. Em vez de favorecer o aumento de seu espectro de atuação global, algumas alianças podem se configurar em verdadeiras camisas de força para sua ação, enquanto favorecem comportamentos desrespeitosos aos tratados por outros países. O multilateralismo, atualmente, teria apenas a serventia de reduzir o poder norte-americano e o tornar "subserviente, dependente e restringido pela vontade – e pelos interesses – de outras nações. Amarrar Gulliver com milhares de cordas. Domesticar o mais indomesticável, o mais imensurável interesse nacional do planeta – o nosso" (Krauthammer, 2004, p.6).

Para sustentar uma política unilateral, os Estados Unidos precisariam, então, como advogam os neoconservadores, de uma força armada robusta. Essa proeminência militar seria necessária não apenas para intervir quando preciso, mas também para reduzir "a possibilidade de desafiadores da estabilidade regional [e global] tentarem alterar o *status quo* em seu favor" (Kagan; Kristol, 2000, p.16). Quando a segurança internacional está em jogo e a comunidade de Estados (inclusive na figura do Conselho de Segurança da ONU) estiver dividida, os Estados Unidos teriam o dever de assumir uma posição,

||||||||||||

20　No original: "Critics find this paradoxical: acting unilaterally but for global ends. Why paradoxical? One can hardly argue that depriving Saddam (and potentially, terrorists) of WMD is not a global end. Unilateralism may be required to pursue this end. We may be left isolated by so doing, but we would be acting nevertheless in the name of global interests – larger than narrow American self-interest and larger, too, than the narrowly perceived self-interest of smaller, weaker powers (even great powers) that dare not confront the rising threat. What is that larger interest? Most broadly defined, it is maintaining a stable, open and functioning unipolar system".

mesmo que unilateral, pois é a "missão que define a coalizão, e não o contrário" (Rumsfeld, 2001).

> Coalizões não são feitas com as superpotências implorando com o chapéu na mão. Elas são feitas pela afirmação de uma posição e o convite aos outros para se juntarem a ela. O que o realismo "pragmático" falhou em perceber é que o unilateralismo é a principal estrada para o multilateralismo. Quando George Bush pai disse, a propósito da invasão do Kuwait pelo Iraque, "isso não vai ficar assim", e deixou claro que ele estava preparado para agir sozinho, essa declaração – e a credibilidade na determinação norte-americana de agir unilateralmente quando necessário – por si só criou a coalizão. (Krauthammer, 2002, p.17)[21]

Segundo Mearsheimer (2005), os neoconservadores conferem tamanha importância à variável do poder militar porque entendem que a política internacional opera pela lógica do *bandwagon*,[22] ou seja, eles acreditam que, se os Estados Unidos forem uma potência poderosa ao ponto de ser temida internacionalmente, os demais países – amigos ou inimigos –, antes mesmo de cogitarem ameaçar o poder norte-americano, vão pôr as mãos ao alto e se lançar ao seu *bandwagoning*. As forças armadas norte-americanas, para esse grupo,

‖‖‖‖‖‖‖‖‖

21 No original: "Coalitions are not made by superpowers going begging hat in hand. They are made by asserting a position and inviting others join. What 'pragmatic' realism fails to realize is that unilateralism is the high road to multilateralism. When George Bush senior said of the Iraqi invasion of Kuwait, 'this will not stand', and made it clear that he was prepared to act alone, that declaration – and the credibility of American determination to act unilaterally if necessary – in and of itself created a coalition".

22 Termo cunhado por Walt (1985) em que, ao falar sobre a formação de alianças no sistema internacional, o autor aponta duas possíveis formações: *balance* e *bandwagon*. A primeira, podendo ser traduzida para o português como "balancear", ocorreria quando alguns países menores se aliam para fazer frente a uma potência. O segundo, sem uma tradução precisa para o português, ocorreria quando países menores, mesmo por meio de alianças, não possuem capacidade de fazer frente a uma potência maior e, por isso, decidem se aliar a ela e gravitar na sua esfera de influência.

deveriam estar em constante desenvolvimento e aperfeiçoamento, de modo a tornar o custo de desafiar os Estados Unidos proibitivo para qualquer país. "Em resumo, a RMA [*revolution in military affairs*] faria que funcionasse cada vez mais o *bandwagoning*, o qual, em sequência, faria a diplomacia do *big stick* funcionar, a qual, também sucessivamente, tornaria possível a execução de uma política externa unilateralista" (Mearsheimer, 2005).

Após os atentados do 11 de Setembro, esse discurso neoconservador a propósito do poderio militar foi levado a um patamar ainda mais extremo. O argumento desenvolvido pelo grupo era de que, ao longo da Guerra Fria, a supremacia militar era necessária, mas o inimigo a ser combatido era um "adversário estável e não suicida, sobre o qual a dissuasão funcionava" (Krauthammer, 2004). Com o fortalecimento do terrorismo internacional e a posse de armas de destruição em massa por regimes ditatoriais, essa lógica de dissuasão não mais funcionaria para conter esses inimigos. A dissuasão clássica deveria então ser aperfeiçoada por meio do uso da preempção na medida em que "contra [ameaças] não detectáveis e incapazes de serem dissuadidas, a preempção[23] é a única estratégia possível" (Krauthammer, 2004). Ainda sobre esse tema, de acordo com o presidente Bush,

> Nós aprendemos que ataques terroristas não são causados pelo uso da força. Eles são produzidos pela percepção de fraqueza. E o jeito mais certo de evitar esses ataques à nossa própria população é atacar o inimigo onde ele vive e faz seus planos. Nós estamos lutando hoje contra esse inimigo no

||||||||||||

23 Ainda que os Estados Unidos justifiquem suas atitudes com base na preempção (ação pautada no uso da legítima defesa contra um ataque em curso ou iminente), acreditamos que tais ações se revelam como ataques preventivos, na medida em que foram baseadas na suposição de um possível futuro ataque, sem evidências concretas de sua iminência. Como o uso da prevenção é explicitamente condenado pela carta da ONU, tal adjetivação não é despretensiosa, pois objetiva afastar os Estados Unidos de uma conduta internacionalmente ilegal.

Iraque e no Afeganistão para que nós não o encontremos mais em nossas próprias ruas, em nossas próprias cidades. (Bush, 2003a)[24]

Outro eixo argumentativo para a defesa de uma postura unilateral pelos Estados Unidos adotado pelos neoconservadores é o da descrença e minimização do papel das instituições na resolução de questões internacionais. De acordo com essa perspectiva, a ação norte-americana pelo bem-estar global não poderia ser travada por arranjos institucionais supranacionais que põem em pé de igualdade com os Estados Unidos países que não compartilham valores democráticos. Na ótica neoconservadora, esses organismos estariam sofrendo de uma perda de legitimidade internacional. Essa proposta de unilateralismo, afirma Krauthammer (2002, p.17), "não significa buscar agir sozinho. Um [Estado] age em concerto com outros se possível. [Esse] unilateralismo simplesmente significa que um [Estado] não permite ser posto como refém dos outros". Se antes do 11 de Setembro essa percepção já era veiculada, após os atentados terroristas ela é reforçada e aprofundada, já que a partir desse momento não se tratava apenas de uma atuação livre em termos de política externa, mas principalmente de uma atuação sem constrangimentos para a defesa e segurança do território nacional.

> Os Estados Unidos precisam guiar-se pelo seu julgamento independente, no que se refere tanto a seu próprio interesse quanto ao interesse global. Especialmente em questões de segurança nacional, guerra e mobilização militar, os Estados Unidos não deveriam nem protelar, nem recuar em sua decisão, particularmente quando as concessões envolvem

||||||||||||

24 No original: "We have learned that terrorist attacks are not caused by the use of strength. They are invited by the perception of weakness. And the surest way to avoid attacks on our own people is to engage the enemy where he lives and plans. We are fighting that enemy in Iraq and Afghanistan today so that we do not meet him again on our own streets, in our own cities".

restrições estruturais permanentes como as impostas pela Corte Internacional de Justiça. (Krauthammer, 2002, p.16)[25]

Democracia

Ao longo de sua história, como aponta a literatura sobre o tema, a política externa dos Estados Unidos esteve normalmente associada com a questão da democracia, tanto pela via do exemplo quanto pelo caráter missionário; ou seja, em postura mais isolacionista, servindo como exemplo de democracia a ser seguido, ou em postura mais internacionalista, atuando como difusor da democracia e da liberdade.

Da perspectiva neoconservadora, a ação externa norte-americana em defesa da democracia estaria justificada com base em um duplo eixo: primeiro, o do imperativo moral de acordo com o qual os Estados Unidos têm a obrigação, como superpotência e como primeira democracia, de libertar países que são regidos por líderes tirânicos e levar a essas nações valores democráticos; o segundo se baseia na questão do *self-interest*, segundo a qual os Estados Unidos encaram como parte de sua estratégia nacional e fator decisivo para a sua segurança o surgimento de novas democracias pelo mundo.[26]

Ainda, a partir da difusão da democracia, os neoconservadores pretendem moralizar a política externa norte-americana com o propósito de fortalecer internamente a "crença de que os princípios da Declaração da Independência não são meramente escolhas de uma

||||||||||||

25 No original: "America must be guided by its independent judgment, both about its own interest and about the global interest. Especially on matters of national security, war-making and the deployment of power, America should neither defer nor contract out decision-making, particularly when the concessions involve permanent structural constrictions such as those imposed by an International Criminal Court".

26 Todo esse debate sobre a ligação entre democracia e paz é mais bem aprofundado em uma bibliografia que discute a chamada teoria da paz democrática. No geral, segundo seus teóricos, democracias não entram em conflito entre si e, quando entram, raramente ameaçam utilizar a força. Para mais informações sobre essa discussão, ver Doyle (1986) e Layne (1993).

cultura, mas sim uma verdade universal, duradoura e autoeviden-
te" (Kagan; Kristol, 1996). Dessa forma, dois objetivos estão co-
nectados, pois, "ao avançar nosso [dos Estados Unidos] destino por
meio de sacrifício e sofrimento, nós remoralizamos nossos cidadãos"
(Thompson; Brook, 2010, p.234).[27]

Segundo o neoconservadorismo, os Estados Unidos deveriam sa-
crificar seus nacionais pelo engajamento externo em intervenções de
mudança de regime. A lógica era a de que "maus regimes orientam
as pessoas a maus comportamentos e normas. Se um povo for posto
sob um bom regime, ele irá se tornar radicalmente melhor. O regime muda a cultura. Assim, é a elite governante, não o povo, que de-
termina o regime e a cultura em um país" (Thompson; Brook, 2010,
p.186). Nesse sentido, os neoconservadores apontam que, como Estados não democráticos marginalizam o ideal liberal da garantia de
direitos básicos a seus cidadãos, não poderiam reclamar para si o direito a não intervenção. Seguindo essa linha, Kagan e Kristol (1996)
afirmam que

> Os Estados Unidos alcançaram sua atual posição de poder não pela
> prática de uma política externa do "viva e deixe viver", nem pela espera
> passiva da ascensão de ameaças, mas pela promoção ativa dos princípios
> norte-americanos de governança externa – democracia, livre mercado e res-
> peito pela liberdade.[28]

Após o 11 de Setembro, esse argumento se fortalece e é utilizado não apenas para fundamentar as intervenções no Afeganistão e

||||||||||||

27 É interessante notar que, devido a essa questão, autores como Thompson e Brook
    (2010) levantam a hipótese de que a política externa para o neoconservadorismo seria,
    na verdade, uma ramificação de sua proposta para a política interna norte-americana.
28 No original: "The United States achieved its present position of strength not by prac-
    ticing a foreign policy of live and let live, nor by passively waiting for threats to arise,
    but by actively promoting American principles of governance abroad – democracy,
    free markets, respect for liberty".

no Iraque, mas também para justificar uma total redemocratização do Oriente Médio. De acordo com a administração Bush, tais países receberiam os Estados Unidos de braços abertos, pois teriam sede de liberdade; liberdade essa há muito negada por regimes ditatoriais. Nas palavras do presidente Bush,

> Os norte-americanos estão perguntando, por que eles nos odeiam? Eles odeiam o que veem nessa Câmara, um governo eleito democraticamente. Seus líderes são autoindicados. Eles odeiam nossas liberdades – nossa liberdade de religião, nossa liberdade de expressão, nossa liberdade de votar e de discordar entre nós. (Bush, 2001b)[29]

A crítica dos neoconservadores à proposta realista de ação externa ganha mais força depois dos atentados. Na visão desse grupo, os realistas "apoiaram uma política externa baseada em 'interesses vitais' de forma limitada" e se mostraram contrários "aos esforços [norte-] americanos de 'impor' a democracia ao mundo" (Kaplan, 2004). Dessa forma, o "terrorismo é o produto de tiranias na região, [de] regimes que a política externa realista sempre protegeu" (Vaïsse, 2010, p.239). Segundo Bush,

> Por décadas, nações livres toleraram a opressão no Oriente Médio em nome da estabilidade. Na prática, essa abordagem trouxe pouca estabilidade e muita opressão. Então eu mudei essa política. [...] Alguns dos que se denominam realistas questionam se a difusão da democracia no Oriente Médio deveria ser uma preocupação nossa. Mas os realistas, nesse caso, perderam o contato com uma verdade fundamental. Os Estados Unidos sempre estiveram menos seguros quando a liberdade está

||||||||||||

29 No original: "Americans are asking, why do they hate us? They hate what we see right here in this Chamber, a democratically elected government. Their leaders are self-appointed. They hate our freedoms – our freedom of religion, our freedom of speech, our freedom to vote and assemble and disagree with each other".

recuada. Os Estados Unidos estão sempre mais seguros quando a liberdade está em expansão. (Bush, 2004a)[30]

A securitização doméstica da guerra do Iraque

A construção do convencimento neoconservador

Apesar de o neoconservadorismo preferir não se descrever em termos ideológicos, considerando-se mais como um pensamento, ou uma forma de persuasão,[31] seu aporte intelectual teve considerável inserção e aplicação na política externa norte-americana. Ainda que no caso afegão já seja possível perceber tal influência, naquele momento o choque então recente dos atentados e a solidariedade da comunidade internacional não exigiram da administração Bush e do grupo neoconservador grandes esforços para alcançar um convencimento no Conselho de Segurança sobre a necessidade de se intervir no Afeganistão e derrubar o regime talibã. No entanto, as alianças estabelecidas logo após o 11 de Setembro para a securitização afegã, principalmente com a Rússia e a China, logo se mostraram oriundas das especificidades do momento histórico posterior aos atentados. Anos depois, em meio à movimentação internacional para conseguir

||||||||||||

30 No original: "For decades, free nations tolerated oppression in the Middle East for the sake of stability. In practice, this approach brought little stability and much oppression. So I have changed this policy. [...] Some who call themselves realists question whether the spread of democracy in the Middle East should be any concern of ours. But the realists in this case have lost contact with a fundamental reality. America has always been less secure when freedom is in retreat. America is always more secure when freedom is on the march".

31 Ainda sobre essa questão, os neoconservadores acreditam que não devem limitar seu pensamento com a adesão a um conjunto específico de ideias. As ideias, para o grupo, são importantes, mas apenas na medida em que podem ser utilizadas para instrumentalizar e legitimar ações internas e externas. Nesse sentido, eles identificam o neoconservadorismo como um interesse público em processo de constantes mutações (Thompson; Brook, 2010).

a anuência do Conselho de Segurança da ONU para a securitização do Iraque, os Estados Unidos não contaram com o apoio dessas
alianças, nem sequer de seus aliados.[32]

A influência neoconservadora foi evidente na questão da guerra
do Iraque. Antes dos atentados, a proposta de promover uma política de mudança de regime no país e sua utilização como primeiro
passo para uma redemocratização no mundo árabe era desconsiderada pela administração Clinton. Dentre outras ações, como citado
anteriormente, os neoconservadores, por meio do *think tank* PNAC,
enviaram uma carta para o presidente Clinton e os membros republicanos no Congresso, em 1998, pedindo que os Estados Unidos
apoiassem uma intervenção no Iraque. A administração Clinton, no
entanto, não mostrou interesse em elevar sua postura com relação ao
Iraque além das sanções econômicas e pontuais ações militares, como o bombardeio realizado no mesmo ano.

Na administração seguinte, ao contrário, logo após os atentados,
o próprio presidente Bush parece ter se convencido da necessidade
de abandonar a política de contenção no Iraque e adotar uma postura mais assertiva. No dia que se seguiu aos ataques, 12 de setembro
de 2001, Bush pediu a seu conselheiro para questões de contraterrorismo do Conselho de Segurança Nacional, Richard Clarke, que
averiguasse uma possível ligação entre o 11 de Setembro e Saddam
Hussein, ainda que todos os indícios apontassem para a Al Qaeda como responsável. O questionamento central, à época, era se os
Estados Unidos deveriam atacar tanto Afeganistão quanto Iraque
ao mesmo tempo, ou se primeiro o Afeganistão e depois o Iraque.
Apesar do posicionamento favorável à primeira opção por Rumsfeld e Wolfowitz, a decisão final seguiu o posicionamento de Powell e Hugh Shelton, chefe do Estado-Maior, conjunto das forças

||||||||||||

32 Exceto países como o Reino Unido e a Espanha, que desde o início se posicionaram
    favoráveis à postura norte-americana.

armadas, que não acreditavam em um considerável apoio da comunidade internacional à intervenção no Iraque (Vaïsse, 2010). Ao longo dos anos 2002 e 2003, o esforço neoconservador para conseguir anuência para uma ação no Iraque seguiu duas frentes: uma na opinião pública e na administração Bush, com vistas a levar a questão internamente para o Senado e o Congresso, conseguindo assim ambas autorizações para a guerra; e outra que visava, externamente, o Conselho de Segurança da ONU.

Com relação à primeira frente, os neoconservadores começaram a questionar as informações trazidas pela Central de Inteligência Nacional (CIA) sobre o Iraque e a desmerecer seu julgamento sobre tal ameaça, sob a acusação de que a agência minimizava o perigo imposto pelo regime iraquiano aos Estados Unidos e, por ser muito conservadora, acabava considerando apenas as capacidades do Iraque e negligenciando as intenções de Saddam Hussein. Dessa forma, após a administração Bush rejeitar as avaliações oficiais das agências de inteligência, o grupo Policy Counterterrorism Evaluation Group foi criado para avançar na busca de indícios que conectassem Saddam com o 11 de Setembro (Vaïsse, 2010; Kurecic, 2011).

A segunda frente, perante o grande público norte-americano, tinha por objetivo levantar um debate político nos Estados Unidos que convencesse a opinião pública sobre a necessidade de uma intervenção no Iraque. Artigos em revistas como a *The Weekly Standard*, além do livro *The War over Iraq*, dos neoconservadores Kristol e Kaplan, ajudaram a difundir uma perspectiva que minimizava os custos norte-americanos com a ação militar e maximizava a ameaça iraquiana. O objetivo, no geral, era trazer à tona e manter vivo o medo de outro atentado terrorista de proporções iguais ou maiores aos ocorridos em Nova York e Washington, de maneira a direcionar a opinião pública para um posicionamento favorável à intervenção no Iraque (Vaïsse, 2010). De acordo com Pecequilo (2005), o índice de aprovação dessa ação era de 70%, mesmo sem a anuência da ONU, subindo para 80% caso o Conselho de Segurança aprovasse a intervenção. Sobre essa questão de manter viva a imagem do terrorismo, o presidente Bush, em seu Address to the Nation (Discurso à nação), em 2002, afirma:

> Alguns cidadãos se questionam por que, depois de onze anos convivendo com esse problema, nós temos de confrontá-lo agora? E existe uma razão. Nós vivenciamos o horror do 11 de Setembro. Nós vimos que aqueles que odeiam os Estados Unidos estão dispostos a colidir aviões em prédios cheios de inocentes. Nossos inimigos não estariam menos dispostos – na verdade, eles estariam ávidos – a usar armas biológicas, químicas ou nucleares.
>
> Sabendo dessas realidades, os Estados Unidos não devem ignorar a ameaça que vem contra nós. Encarando clara evidência de perigo, nós não podemos esperar a prova final, que pode vir na forma de um ataque nuclear. (Bush, 2002c)[33]

Os neoconservadores acreditavam que os Estados Unidos precisavam superar a síndrome do Vietnã, uma vez que vitórias como a da Guerra do Golfo e do Afeganistão mostraram que a supremacia militar norte-americana não era mais meramente relativa a outros países, mas, sim, absoluta. Para esse grupo, a identificação de "dragões a combater" – ilustrados na figura do terrorismo internacional e, principalmente, nos indivíduos e Estados que o fomentam – manteria a sociedade norte-americana unida em torno de

||||||||||||

33 No original:
"Some citizens wonder, after 11 years of living with this problem, why do we need to confront it now? And there's a reason. We've experienced the horror of September the 11th. We have seen that those who hate America are willing to crash airplanes into buildings full of innocent people. Our enemies would be no less willing – in fact, they would be eager – to use biological or chemical or a nuclear weapon.
Knowing these realities, America must not ignore the threat gathering against us. Facing clear evidence of peril, we cannot wait for the final proof, the smoking gun, that could come in the form of a mushroom cloud".

um propósito comum. Esse amálgama capaz de aglutinar os indivíduos de uma mesma sociedade, ou seja, esse referencial persecutório partilhado, teria força para combater os elementos da modernidade que corroem a união social e que geram fraquezas internas nos Estados Unidos, a saber: o niilismo, o individualismo e a fragilidade moral. A virtude republicana empregada no sacrifício de homens e capital além da *homeland* serviria também para despertar tal sentimento internamente. Nas palavras do presidente Bush, em discurso pronunciado em 2001:

> Recentemente recebi uma carta emocionante que diz muito sobre os Estados Unidos nesses tempos difíceis, uma carta de uma menina da quarta série cujo pai está nas forças armadas: "ainda que eu não queira que meu pai lute", ela escreveu, "estou disposta a entregá-lo a você". Esse é um presente precioso, o maior que ela poderia dar. Essa menina sabe em que consistem os Estados Unidos. Desde o 11 de Setembro, uma geração inteira de jovens norte-americanos ganhou um novo entendimento sobre o valor da liberdade e o seu custo em dever e sacrifício. (Bush, 2001c)[34]

Dessa forma, os neoconservadores consideravam que o Iraque seria um alvo fácil para dar continuidade à guerra global contra o terror por uma série de motivos: (i) era um país fragilizado econômica e politicamente pelas sanções da ONU; (ii) era governado por um ditador que oprimia seus nacionais e que nutria uma hostilidade com relação aos Estados Unidos; (iii) tratava-se de um regime que já tinha sido acusado anteriormente de utilizar armas de destruição

||||||||||||

34 No original: "I recently received a touching letter that says a lot about the state of America in these difficult times, a letter from a fourth grade girl with a father in the military: 'As much as I don't want my dad to fight,' she wrote, 'I'm willing to give him to you.' This is a precious gift, the greatest she could give. This young girl knows what America is all about. Since September 11, an entire generation of young Americans has gained new understanding of the value of freedom and its cost in duty and in sacrifice".

em massa.[35] Por esse conjunto de fatores, o grupo neoconservador acreditava que a comunidade internacional apoiaria o pleito norte--americano de realizar uma intervenção no país. No entanto, como apontado anteriormente, tal conjuntura não se confirmou. Se antes os neoconservadores já adotavam um discurso desconfiado ante a postura da Europa com relação às questões internacionais, a negativa ao apoio da maioria das grandes potências europeias fez que os neoconservadores adotassem um discurso de "eurofobia", em que criticavam os europeus por quererem viver em um mundo de paz kantiana. Em 2002, Robert Kagan escreveu um texto claramente direcionado a criticar o posicionamento europeu perante o Iraque e os *rogue states*. Segundo Kagan (2002),

> É hora de pararmos de fingir que os europeus e os norte-americanos partilham uma visão de mundo comum, ou que vivem no mesmo mundo. Na questão do poder – a eficácia do poder, a moralidade do poder, a necessidade do poder – as perspectivas norte-americanas e europeias são divergentes. Os europeus estão se distanciando do poder, ou, para falarmos de um jeito um pouco diferente, eles estão indo do poder para um mundo restrito de leis e regras e de negociação e cooperação transnacional. Eles estão entrando em um paraíso pós-histórico de paz e relativa prosperidade, a realização de uma "paz perpétua" kantiana. Enquanto isso, os Estados Unidos permanecem envolvidos na história, exercendo seu poder no anárquico mundo hobbesiano, em que leis e regras internacionais não são confiáveis

||||||||||

35　É importante, ainda, apontarmos o porquê da desconsideração inicial de intervenções nos dois outros países também identificados pelo presidente Bush como membros de um eixo do mal, a Coreia do Norte e o Irã, já que a princípio representavam uma ameaça mais urgente se comparados com o Iraque. No caso da Coreia do Norte, além de não possuir petróleo, os Estados Unidos teriam de enfrentar uma oposição concreta, e não apenas retórica, da Rússia, Coreia do Sul, China e Japão. Com relação ao Irã, uma ação dependeria de uma grande mobilização militar e teria de lidar com o programa nuclear iraniano, além de ser possível enfraquecer o Irã por meio de uma incursão militar em um país mais fraco, o Iraque (Pecequilo, 2005).

e que a verdadeira segurança e defesa e a promoção de uma ordem liberal ainda dependem da posse e do uso da força militar. É por isso que na maioria das atuais questões estratégicas internacionais os norte-americanos são de Marte, e os europeus, de Vênus. (Kagan, 2002)[36]

A administração Bush pretendia alcançar três objetivos específicos com a intervenção no Iraque: (i) acabar com a ameaça representada por Saddam Hussein para os Estados Unidos devido à posse deste de armas químicas e biológicas, seu desejo de adquirir armas nucleares e seu apoio a grupos terroristas; (ii) resgatar a integridade e legitimidade da ONU deteriorada pelo não cumprimento de suas diretrizes pelo Iraque; (iii) liberar o povo iraquiano de seu líder tirânico e levar a essa sociedade o poder transformador da democracia e da liberdade (Thompson; Brook, 2010). Entretanto, o objetivo maior dos neoconservadores nessa intervenção era gerar um efeito dominó na região, em que a democratização do Iraque seria um ponto de partida para a atuação norte-americana, pela força militar ou pela força do exemplo, a fim de promover regimes democráticos e pró-Estados Unidos por todo o Oriente Médio. "A democracia no Iraque terá sucesso", afirmou Bush em 2003, "e esse sucesso enviará a notícia, de Damasco a Teerã, de que a liberdade pode ser o futuro de toda nação. O estabelecimento de um Iraque liberto no centro

||||||||||||

36 No original: "It is time to stop pretending that Europeans and Americans share a common view of the world, or even that they occupy the same world. On the all--important question of power – the efficacy of power, the morality of power, the desirability of power – American and European perspectives are diverging. Europe is turning away from power, or to put it a little differently, it is moving beyond power into a self-contained world of laws and rules and transnational negotiation and cooperation. It is entering a post-historical paradise of peace and relative prosperity, the realization of Kant's 'Perpetual Peace'. The United States, meanwhile, remains mired in history, exercising power in the anarchic Hobbesian world where international laws and rules are unreliable and where true security and the defense and promotion of a liberal order still depend on the possession and use of military might. That is why on major strategic and international questions today, Americans are from Mars and Europeans are from Venus".

do Oriente Médio será um divisor de águas na revolução democrática global."[37] Ainda de acordo com Bush:

> Ou o Oriente Médio se tornará um local de paz e progresso, ou será difusor de violência e terror que tira vidas nos Estados Unidos e em outras nações livres. O triunfo da democracia e da tolerância no Iraque, no Afeganistão e em outros países será um considerável revés para o terrorismo internacional. O terrorismo prospera a partir do apoio de tiranos e dos ressentimentos de povos oprimidos. Quando os tiranos caem e o ressentimento é substituído pela paz, homens e mulheres em qualquer cultura rejeitam as ideologias do terror e se convertem na busca pela paz. Todos os lugares onde a liberdade floresce, o terror recuará. (Bush, 2003a)[38]

A audiência interna e o processo decisório para a guerra

As políticas direcionadas para garantir a segurança nacional norte-americana por vezes podem se sobrepor às diretrizes de política externa desse país, indefinindo os limites entre uma esfera e a outra. No caso do combate ao terrorismo, a identificação de um inimigo externo e transnacional como ameaça para a própria segurança nacional dos Estados Unidos pode ser vista como um exemplo em que tal sobreposição ocorre.

||||||||||||

37 No original: "Iraqi democracy will succeed, and that success will send forth the news, from Damascus to Tehran, that freedom can be the future of every nation. The establishment of a free Iraq at the heart of the Middle East will be a watershed event in the global democratic revolution".

38 No original: "The Middle East will either become a place of progress and peace, or it will be an exporter of violence and terror that takes more lives in America and in other free nations. The triumph of democracy and tolerance in Iraq, in Afghanistan, and beyond would be a grave setback for international terrorism. The terrorists thrive on the support of tyrants and the resents of oppressed peoples. When tyrants fall and resentment gives way to hope, men and women in every culture reject the ideologies of terror and turn to the pursuits of peace. Everywhere that freedom takes hold, terror will retreat".

Diferentemente do próximo capítulo, em que nosso objetivo é traçar, do início ao fim, o movimento de securitização do caso iraquiano no Conselho de Segurança, pretendemos aqui apenas apresentar de forma simplificada esse processo, porém no *locus* doméstico norte-americano. Em razão da complexidade das tramitações internas nas burocracias dos Estados Unidos e de um limite explicativo da teoria de securitização quando aplicada a essa situação empírica, o delineamento do movimento de securitização, em seus aspectos fluidos e dinâmicos, não pode ser satisfatoriamente realizado. Isso se dá, pois, nesse caso empírico, ainda que a variável do agente securitizador possa ser delimitada na figura do presidente e de seus assessores próximos, afins (ou não) ao pensamento neoconservador. A variável da audiência dificilmente pode ser restringida analiticamente a um setor do governo ou a um grupo de indivíduos específico; na interlocução existente ao longo desse movimento, os membros do Congresso norte-americano, a audiência a ser considerada, podem desempenhar ao mesmo tempo os papéis de audiência, de agentes e de semiagentes securitizadores. No entanto, é possível apresentar a resposta interna dessa audiência ao movimento de securitização e como esse objetivo de segurança nacional e internacional foi definido e defendido.[39]

De acordo com Cimbala, Sarkesian e Williams (2007), a segurança nacional norte-americana pode ser definida como uma confiança da maior parte de sua sociedade na capacidade militar e na definição de políticas efetivas para não permitir que adversários impeçam os Estados Unidos de buscar seus interesses nacionais. Para os autores, tal definição consegue abranger tanto aspectos físicos

||||||||||||

39 As seções anteriores se encarregaram de apresentar como as ameaças do terrorismo e, principalmente, do caso iraquiano foram definidas e defendidas internamente dentro do contexto ideológico e intelectual do neoconservadorismo. Nessa seção, entretanto, pretendemos ver como esse aporte neoconservador se traduziu na elaboração de uma intervenção *de facto* no Iraque.

quanto psicológicos ou, como preferimos denominar, aspectos objetivos e subjetivos da segurança nacional, na medida em que considera não só a força militar como também a capacidade dos norte-americanos de apoiar esforços necessários para a segurança do território nacional e de acreditar na capacidade dos Estados Unidos de se manter seguro.

Nesse sentido, podemos identificar três níveis de interesse nacional elencados por ordem de prioridade: (i) a primeira ordem, a dos interesses vitais, é identificada na proteção da *homeland* e na consideração de questões que afetem diretamente sua segurança – após o 11 de Setembro, foi conferida ainda mais relevância a esse nível com a criação do Department of Homeland Security; (ii) a segunda ordem, a dos interesses críticos, se refere a questões que não afetam diretamente a segurança do território nacional e a sobrevivência norte-americana, mas podem vir a se tornar prioridades de primeira ordem; (iii) a terceira ordem, dos interesses sérios, se concentra nos assuntos que não afetam criticamente os interesses de primeira e segunda ordem, mas, ainda assim, os influenciam marginalmente (Cimbala; Sarkesian; Williams, 2007). A figura abaixo representa essa tipologia:

FIGURA 2.1. MODELO ANALÍTICO

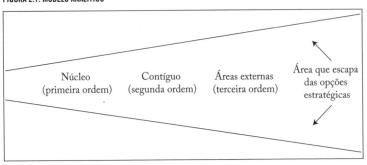

Fonte: Cimbala; Sarkesian; Williams, 2007, p.6. Tradução da autora.

Essa tipologia apresentada nos ajuda a visualizar uma gradação em percepções de ameaças nos Estados Unidos. Entretanto, afirmar aqui que o terrorismo era uma ameaça de segunda ordem antes de 11 de setembro e que, depois dos ataques, foi alçado à primeira ordem contribui, em nossa visão, para um entendimento estático desse processo cognitivo.[40] O que podemos afirmar, e nesse caso tal tipologia auxilia essa visualização, é que após a Guerra Fria o terrorismo gravitou majoritariamente entre as duas primeiras ordens de prioridade e que, após o 11 de Setembro, foi definitivamente entendido como de primeira prioridade.

O caso do Iraque, mesmo sendo uma questão presente nas administrações anteriores e uma ameaça interpretada pelo neoconservadorismo como de primeira ordem, pode ser mais facilmente localizado, antes dos ataques, na segunda ordem de prioridades para a segurança nacional. Depois dos atentados, a percepção de urgência na ameaça terrorista foi transplantada para o caso iraquiano, colocando-o também como prioridade primeira na agenda de segurança norte-americana.

Além dessa tipologia, Cimbala, Sarkesian e Williams (2007) apresentam três possíveis metodologias para entender o processo decisório norte-americano em políticas de segurança nacional; a saber, a metodologia dos círculos concêntricos, a da elite *versus* participação e a da análise sistêmica.

A metodologia dos círculos concêntricos apresenta os setores envolvidos na promoção da segurança nacional por meio de uma estrutura hierarquizada. Dessa forma, apresenta-se nela um modelo em que as decisões sobre essa temática partem de um núcleo duro e

||||||||||||

40 Ainda que Cimbala, Sarkesian e Williams (2005) não partilhem com a Escola de Copenhague a mesma ontologia e epistemologia da ameaça vista como algo construído discursivamente e intersubjetivamente, acreditamos que a utilização dessa tipologia nos ajuda a compreender a escalada em termos de emergência de uma questão durante o processo de securitização.

restrito em número de atores, e que, em seguida, tramita em outras instâncias a fim de conseguir (ou não) sua aceitação para se traduzir em políticas concretas. Nessa avaliação metodológica, o grupo central que define a agenda do processo decisório em segurança nacional se restringe, principalmente, à proeminência do presidente, a seus assessores e ao *establishment* de segurança nacional. A figura abaixo ilustra o modelo apresentado:

FIGURA 2.2. MODELO ANALÍTICO.

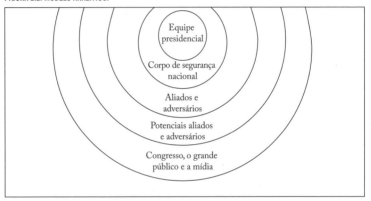

Fonte: Cimbala; Sarkesian; Williams, 2007, p.17. Tradução da autora.

A segunda opção metodológica se refere ao modelo elite *versus* participação. O modelo da elite entende que as políticas de segurança nacional são definidas por um pequeno grupo formado pelo presidente, seus assessores, o Congresso, militares de alta patente e membros influentes da iniciativa privada. Em sua perspectiva, essa elite, por deter um posicionamento privilegiado em informações e poder, consegue se articular politicamente e influenciar no processo decisório, além de possuir coesão política suficiente para que suas decisões suplantem questões trazidas por outros setores. O modelo participatório, em seu contraponto, assume a existência de várias elites que representam interesses e segmentos diversos. A partir do entendimento de que dificilmente uma mesma elite controla todos os aspectos do processo decisório para a segurança nacional, coalizões são constantemente formadas de acordo com a questão a ser abordada. A vantagem analítica desse modelo reside na tentativa de conciliar as demandas da democracia participativa com a habilidade e o poder das elites, como se observa na figura abaixo:

FIGURA 2.3. MODELO ANALÍTICO

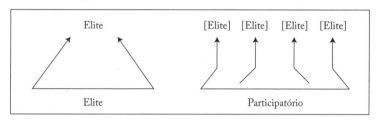

Fonte: Cimbala; Sarkesian; Williams, 2007, p.18. Tradução da autora.

A terceira metodologia é representada pela abordagem sistêmica, a qual enfatiza a dinâmica das inter-relações entre diversas variáveis ao longo dos estágios do processo decisório. O aparato político, segundo esse modelo, precisa considerar os interesses divergentes dos diversos *clusters* (grupos) de poder e propor uma política que seja acolhida por uma maioria. Tais *clusters* são definidos em três blocos: (i) a tríade formada pelos secretários de Defesa e de Estado e o Conselheiro de Segurança Nacional; (ii) o presidente do Estado--Maior Conjunto das forças armadas e o diretor da Central de Inteligência; (iii) e o *chief of staff* (chefe do gabinete presidencial) da Casa Branca e o conselheiro do presidente. Segue abaixo figura representativa desse modelo:

FIGURA 2.4. MODELO ANALÍTICO

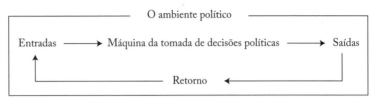

Fonte: Cimbala; Sarkesian; Williams, 2007, p.18. Tradução livre da autora.

À primeira vista, nossa análise poderia agregar aspectos pontuais de cada proposta metodológica. Com relação ao modelo elite *versus* participação, identificaríamos os neoconservadores como uma elite coesa em sua proposta para o Iraque, capaz de agregar em seu projeto outros grupos como a direita cristã norte-americana e parte dos membros do partido democrata, além de se sobrepor aos grupos contrários à intervenção. Quanto ao modelo sistêmico, ainda que neste capítulo (e em certa medida no próximo) nomes referentes aos três grandes *clusters* para a segurança nacional da administração Bush filho sejam mencionados, nossa análise se concentra principalmente na figura do presidente e, em segundo plano, nos indivíduos que o assessoram de perto nesse processo decisório. Mesmo assim, a ênfase se dá pela afinidade desses atores com o neoconservadorismo, o caso de Paul Wolfowitz e Donald Rumsfeld, ou por representar uma minoria destoante e marginalizada, como no caso de Colin Powell.

Dessa forma, mesmo compreendendo as vantagens analíticas das duas metodologias anteriores, acreditamos que, para o caso específico da securitização da guerra do Iraque, o melhor modelo explicativo seja a metodologia dos círculos concêntricos. Cimbala, Sarkesian e Williams (2007) afirmam que a fragilidade desse modelo reside na supersimplificação do processo decisório e na perspectiva de que as decisões sobre a segurança nacional são tomadas a partir de uma escolha racional. Entretanto, em nosso caso específico, tal supersimplificação e entendimento unidirecional do processo de securitização interno pode nos ser favorável. Na medida em que essa metodologia

foca a demonstração de como um núcleo central, formado por pou-
cos atores, consegue concentrar em si as decisões sobre a segurança
nacional e convencer (ou não) os atores presentes nos demais círculos, a identificação das variáveis do agente securitizador e da audiência, ainda que complexa, parece se tornar mais clara, favorecendo a
visualização do movimento de securitização.

Assim, definimos como representativo da variável do agente securitizador o grupo identificado no círculo mais estreito desse modelo, ou seja, a figura do vice-presidente Dick Cheney, do secretário
de Defesa Donald Rumsfeld, do subsecretário de Defesa Paul Wolfowitz, do secretário de Estado Colin Powell, do subsecretário de
Estado Richard Armitage, e predominantemente do presidente
George W. Bush, devido à sua proeminência na articulação interna para a intervenção do Iraque. Apesar de nosso foco analítico se
concentrar no papel do presidente, é importante situar brevemente quem são os atores no entorno presidencial e quais as suas afi-
nidades políticas para uma melhor compreensão do movimento de
securitização.

Dick Cheney foi secretário de Defesa do governo Bush pai e
um dos principais responsáveis pela ação militar no Iraque após
a invasão do Kuwait, no que viria a ser conhecida como a Guerra do Golfo. Em seguida, Cheney assumiu o cargo de presidente
da multinacional Halliburton, uma das maiores empresas presta-
doras de serviços no ramo petroleiro. Junto com Rumsfeld e Wolfowitz, Cheney foi um dos que assinaram o documento intitulado
Rebuilding America's Defenses, elaborado pelo PNAC em 2000, que
propunha uma agenda imperial para a política externa dos Estados
Unidos e reforçava a necessidade de se manter a supremacia internacional desse país.

Rumsfeld também exerceu duas vezes (em 1983 e 1984, durante
a guerra Irã-Iraque) a função de enviado especial do presidente Reagan para reaproximar o Iraque dos Estados Unidos sob a justificativa
de que, apesar das denúncias do uso de armas químicas por esse país

no conflito, os Estados Unidos não poderiam permitir uma vitória iraniana (Fuser, 2005). Junto com Wolfowitz e Armitage, Rumsfeld foi um dos signatários da carta enviada pelo PNAC em 1998[41] ao presidente Clinton, em que se demandava uma mudança de estratégia com relação ao Iraque. Wolfowitz, no contexto da ação do Iraque, é considerado o maior arquiteto dessa estratégia e seu defensor mais entusiasmado e convincente (Boyer, 2004). Armitage é militar de carreira e membro do partido Republicano. Powell também é militar de carreira, foi chefe do Estado-Maior das Forças Armadas dos Estados Unidos durante a Guerra do Golfo e, no interior desse núcleo decisório, era uma das poucas vozes moderadas no que se referia à intervenção militar no Iraque.

Nesse sentido, o presidente Bush filho, com o apoio do seu *entourage* majoritariamente afim ao neoconservadorismo e à necessidade de uma ação militar, começou a articular no Congresso norte-americano a aprovação de uma Resolução de Guerra ao Iraque. Devido às eleições de meio de mandato em novembro de 2002 para parte do Legislativo e governos estaduais, muitos dos futuros candidatos votaram a favor da resolução com medo de serem acusados de covardia e oposição aos interesses norte-americanos pela presidência, além de perderem votos e arriscarem sua candidatura. Ainda, a oposição encampada pelos democratas com relação ao voto da resolução antes dessas eleições, sob o receio de que a presidência manipulasse a situação em seu favor, foi ignorada e desconsiderada pela Casa Branca (Pecequilo, 2005). O discurso de Bush filho (2002a) perante o Congresso se desenvolveu a partir do argumento de que, na situação iraquiana, os membros desse órgão deveriam "atuar, antes de tudo, não como republicanos, não como democratas, mas sim como

||||||||||||

41　É importante salientar que dez dos dezoito que assinaram essa carta ao presidente Clinton exerceriam mais tarde cargos importantes na administração Bush filho e na decisão de intervir no Iraque (Kurecic, 2011).

[norte-]americanos";[42] essa estratégia visava eliminar as dicotomias e divergências partidárias existentes sobre a questão, de modo a favorecer uma aproximação e convergência em decisões dos congressistas. Sobre o processo de discussão e confecção da Resolução de Guerra, Bush afirma:

> Democratas e republicanos se recusam a viver em um futuro de medo. Estamos determinados a construir um futuro de segurança. Todos queremos paz, paz para os Estados Unidos, paz para o mundo. Os membros [do Congresso] estão nesta manhã comprometidos com a liderança norte--americana pelo bem de todas as nações. Eu estimo esse espírito. Aprecio seu amor pelo país. A resolução que estamos produzindo será um instrumento dessa liderança. Eu aprecio o espírito com que os membros do Congresso estão considerando essa questão vital. O Congresso terá um debate importante, um debate significativo, um debate histórico. Ele será conduzido com toda civilidade. Ele será conduzido de maneira que fará todos os norte-americanos orgulhosos e capazes de entender as ameaças ao nosso futuro. Estamos fazendo progressos. Estamos próximos de um acordo. E logo nos pronunciaremos com uma só voz. (Bush, 2002b)[43]

Dessa forma, em outubro de 2002 a resolução foi aprovada com uma considerável margem de votos favoráveis, contabilizando 296

||||||||||||

42 No original: "we must act, first and foremost, not as Republicans, not as Democrats but as Americans".

43 No original: "Democrats and Republicans refuse to live in a future of fear. We're determined to build a future of security. All of us long for peace, peace for ourselves, peace for the world. Members here this morning are committed to American leadership for the good of all nations. I appreciate their spirit. I appreciate their love for country. The resolution we are producing will be an instrument of that leadership. I appreciate the spirit in which Members of Congress are considering this vital issue. Congress will have an important debate, a meaningful debate, an historic debate. It will be conducted with all civility. It will be conducted in a manner that will make Americans proud and Americans to understand the threats to our future. We're making progress. We're near an agreement. And soon, we will speak with one voice".

a favor e 133 contra na Câmara e 77 a favor e 23 contra no Senado. Em discurso sobre essa aprovação, Bush (2002d) afirma que recorreu a uma autorização adicional do Congresso, pois "não existe nenhuma força social ou política maior que a força de cidadãos livres unidos em torno de um convincente objetivo comum".[44] Apesar da autoridade constitucional dada ao presidente para recorrer à força quando houver necessidade de dissuadir, prevenir ou responder a ameaças ou agressões, a preferência por uma resolução do Congresso traz consigo um peso simbólico na guerra contra o terrorismo e contra o Iraque na medida em que passa uma imagem (pretensa ou não) de coesão da sociedade norte-americana no combate a esses inimigos.

Devido à sua interseção com o grupo intelectual neoconservador e à sua proximidade histórico-política com as relações Estados Unidos-Iraque, como no caso de Cheney e Rumsfeld, o entorno de assessores do presidente Bush filho conseguiu difundir internamente um contexto intelectual propício para que o agente securitizador, estabelecido na figura presidencial, articulasse politicamente a garantia de anuência pelo Congresso para o uso da força. Dessa forma, ainda que tais assessores não sejam considerados, em nossa análise, agentes securitizadores *de facto*, sua importância ao longo de todo o processo, ao auxiliar na inserção do neoconservadorismo no *establishment* norte-americano e em sua tradução em políticas concretas, nos indica que esses atores podem ser considerados semiagentes securitizadores.

Ademais, restringimos na outra face do movimento de securitização a variável da audiência no Congresso norte-americano, um dos elementos do último círculo concêntrico do modelo metodológico apresentado. Essa escolha se baseou em nosso entendimento de que,

---

||||||||||

44 No original: "There is no social or political force greater than a free people united in a common and compelling objective".

embora os demais elementos desse círculo e do processo para obter a anuência necessária à securitização sejam importantes na medida em que ajudam a construir uma atmosfera nacional favorável, o Congresso era a audiência interna efetivamente capaz de garantir a autorização para uma intervenção no Iraque.

É interessante retomar nesse ponto um limite, identificado na teoria de securitização, referente ao escasso desenvolvimento da variável da audiência. Nesse caso, por exemplo, poderíamos identificar a existência de mais de uma audiência, como uma audiência social, representada no papel de convencimento da mídia com relação à opinião pública, e uma audiência empoderada, ou efetiva, expressa na competência do Congresso norte-americano de chancelar o recurso às armas.[45]

Ainda que a supersimplificação trazida por esse modelo nos auxilie a perscrutar o movimento de securitização interno da guerra do Iraque, não pretendemos afirmar, com sua utilização, que a nossa perspectiva desse movimento seja um processo unidirecional ou simplesmente uma via de mão única entre agente securitizador e audiência. No entanto, devido à dificuldade em delimitar as variáveis do agente securitizador e principalmente da audiência na securitização doméstica norte-americana da guerra do Iraque, consideramos que essa metodologia nos ajuda a situar espacialmente os atores envolvidos nesse processo. Além disso, é importante destacar que toda metodologia para análise de processos decisórios é apenas uma ferramenta analítica para a compreensão da realidade, sem entretanto ser representativa da realidade como um todo, já que esta não é estática, e sim dinâmica. A contribuição da EC situa-se justamente no avanço da percepção da segurança em sua fluidez e dinamicidade, ainda que o estabelecimento de um *framework* teórico vá em certa medida na contramão desse avanço e contribua também para seu

||||||||||||

45 Para um aprofundamento teórico sobre essa questão, ver capítulo 1 deste livro.

engessamento. A identificação desse e de demais limites é importante para compreendermos o porquê da dificuldade por vezes encontrada na aplicação da teoria de securitização a certos casos empíricos.

Ao longo do próximo capítulo, em que se pretende aprofundar a avaliação empírica da securitização da guerra do Iraque, a consideração de outro *locus* de análise, baseado na audiência externa do Conselho de Segurança e seus membros permanentes, nos possibilitará complementar nossa avaliação da teoria. A consideração do movimento securitizante estabelecido em um foro multilateral, com entidades soberanas dialogando entre si, nos auxiliará a efetivamente perscrutar em detalhes todo esse processo perlocucionário de barganha gerador (ou não) de convencimento em que consiste a securitização.

3. SECURITIZAÇÃO DO CASO IRAQUIANO

*A guerra que aflige com os seus esquadrões
o Mundo,
É o tipo perfeito de erro da filosofia.*

*A guerra, como tudo humano, quer alterar.
Mas a guerra, mais do que tudo, quer alterar e alterar muito
E alterar depressa.*

Alberto Caeiro, "A guerra que aflige
com seus esquadrões"

O contexto intelectual do pós-Guerra Fria

COM O FIM DA GUERRA FRIA e o estabelecimento de uma nova configuração internacional, surgiu também a necessidade de um novo arcabouço teórico-intelectual que desse conta de explicar e entender esse novo contexto e seus futuros desdobramentos.

Desenvolvendo a tese do fim da história, Fukuyama defende que, após a destruição do fascismo e do comunismo, um novo e maior processo estaria em curso: o triunfo e a consolidação do modelo ocidental liberal e democrático enquanto forma mais evoluída de organização política e social da história da humanidade. Fukuyama tomou emprestada de Hegel a ideia de "fim da história", em que a concepção dialética hegeliana da história prevê a existência de um início, um meio e um fim, sendo tal fim alcançado quando a história culminasse em um momento absoluto através da vitória de um modelo de Estado e sociedade (Fukuyama, 1989). Assim, a proposta de Fukuyama endossa e abre ainda mais portas para a defesa de que um mundo com cada vez mais democracias liberais seria mais vantajoso tanto do ponto de vista ético quanto do econômico.[1]

Em *O choque de civilizações*, Huntington também se dedica a avaliar o sistema internacional do pós-Guerra Fria. Segundo o autor, os conflitos continuariam a existir na nova ordem internacional, porém, não mais por motivações ideológicas, imperialistas ou culturais individuais, mas sim com base em divergências culturais. Para explicar sua tese, o autor dedica grande parte de seu livro à história ocidental, abordando os processos de expansão dos impérios através da lógica territorialista de dominação entre os povos. Após essa contextualização histórica, Huntington afirma que o mundo contemporâneo, não mais dividido entre as potências capitalista e socialista e suas áreas de influência, se dividirá então entre o Ocidente e os vários não ocidentes (Huntington, 1997).

É justamente essa eclosão de explicações sobre como a nova ordem internacional se desenvolveria que justificaria não o terrorismo islâmico e a prática terrorista *per se*, mas sim a reação norte-americana a estes. Primeiramente, há no discurso norte-americano a

|||||||||||

1 A difusão e o acolhimento desse conjunto de ideias pelo *establishment* norte-americano serão de grande importância para compreendermos as justificativas levantadas para as intervenções no combate ao terrorismo. A noção de que a criação de mecanismos construtores de democracias liberais nos países acusados de fomentar o terrorismo internacional, tal qual o Afeganistão e o Iraque, contribuiria para enfraquecer esse inimigo era amplamente divulgada pela administração Bush.

construção do "nós", cidadãos de uma sociedade justa e democrática, *versus* "eles", os bárbaros auxiliados por regimes tirânicos, ideia que se coaduna com a lógica do choque de civilizações; em segundo lugar, há a percepção de que o combate ao inimigo deveria se dar por meio da difusão de valores liberais e democráticos, ainda que a expansão desses valores se faça por intermédio da força.

O início da securitização do terrorismo e o caso do Afeganistão

Apesar de os ataques terroristas contra os Estados Unidos não serem novidade para os norte-americanos,[2] os eventos de 11 de setembro se tornaram um fato *sui generis*, tanto por suas características quanto pelas ações políticas que deles derivaram. Devido às dramáticas proporções dos atentados e, principalmente, ao fato de terem ocorrido em solo norte-americano, os Estados Unidos iniciaram um processo de securitização internacional do terrorismo através de sua Global War on Terror (GWoT, Guerra Global ao Terror). Os primeiros movimentos desse processo foram bem-sucedidos na medida em que tiveram ampla, se não plena, aceitação e colaboração mundial.

Além dos discursos proferidos pelos líderes de diversas nações, em que se demonstravam condolências e apoio aos Estados Unidos e às vítimas, no dia seguinte ao atentado o Conselho de Segurança da ONU apresentou uma resolução condenando os ataques. Não obstante este ser um procedimento de praxe, verificado em outras situações ligadas a ataques terroristas, essa resolução, ao "expressar sua disposição para adotar imediatamente todas as ações necessárias

||||||||||||

2 Antes dos ataques ao World Trade Center, os Estados Unidos sofreram outros cinco ataques terroristas assumidos diretamente pela Al Qaeda: em 1995 e 1996, à Embaixada dos EUA na Arábia Saudita; em 1998, à Embaixada dos EUA no Quênia e na Tanzânia; e em 2000, ao porta-aviões *USS Cole*, no Iêmen.

para *responder* aos ataques terroristas do 11 de setembro e combater todas as formas de terrorismo",[3] além de "reconhecer o direito inerente, individual ou coletivo, à *autodefesa*" (CSNU, resolução 1368),[4] abriu as portas para o início de um movimento securitizante.

Esse processo de identificação de culpados e tratamento da temática pela via da excepcionalidade produziu dois movimentos de securitização específicos: o caso do Afeganistão e o do Iraque, com o segundo ocorrendo no esteio do primeiro. Dessa forma, o primeiro momento de securitização da GWoT pode ser identificado na construção discursiva do terrorismo como inimigo,[5] e sua concretização, na aceitação internacional de uma intervenção militar no Afeganistão. As ações que contribuíram para o sucesso dessa empreitada serão apresentadas em seguida e de maneira sucinta. Apesar de o foco deste capítulo ser a construção da securitização da segunda guerra do Iraque, uma breve explicação sobre como se deu o movimento securitizante da Guerra Global ao Terror, em seu primeiro esforço no caso afegão, é fundamental para que se compreenda como o seu considerável sucesso criou as bases para que o *establishment* norte-americano cogitasse o mesmo tratamento para o caso iraquiano. Nesse sentido,

> diferentemente do que acontecerá na Guerra do Iraque em 2003, a operação no Afeganistão contou com um amplo apoio da comunidade internacional e das forças políticas internas nos Estados Unidos. Dado o caráter do 11 de Setembro, essa guerra era tida como "justa", sendo um movimento de resposta a um inimigo que atingira e continuava ameaçando os norte-americanos. (Pecequilo, 2005, p.383)

||||||||||||

3   No original: "Expresses its readiness to take all necessary steps to respond to the terrorist attacks of 11 September 2001, and to combat all forms of terrorism". Grifo nosso.

4   No original: "Recognizing the inherent right of individual or collective self-defence in accordance with the Charter". Grifo nosso.

5   Para mais informações, ver Leite, *A construção do inimigo nos discursos presidenciais norte-americanos do pós-Guerra Fria*.

Em razão das proporções da ameaça, pela primeira vez o artigo 5º da Carta da Organização do Tratado do Atlântico Norte (Otan, 1949) foi invocado. Nele, afirma-se que um ataque contra um ou mais aliados na Europa ou na América do Norte será considerado um ataque contra todos os signatários, estabelecendo assim um mecanismo de segurança coletiva. Após a confirmação de que os ataques foram realizados pela organização terrorista Al Qaeda, comandada por Osama bin Laden e protegida pelo regime Talibã, no Afeganistão, o apoio dos demais países foi essencial para que os norte-americanos conseguissem a anuência para a intervenção.

Em discurso ao Congresso norte-americano, em 21 de setembro de 2001, o então presidente George W. Bush convocou todas as nações a se aliarem aos Estados Unidos na guerra contra o terrorismo internacional. Em suas palavras, "nossa guerra contra o terror começa com a Al Qaeda, mas não acaba aí. Ela não irá terminar até que cada grupo terrorista de alcance global seja descoberto, detido e derrotado".[6] Afirmando, ainda, que os ataques de 11 de setembro seriam entendidos como atos de guerra, Bush afirmou que

> nós iremos perseguir as nações que oferecem ajuda e abrigo ao terrorismo. Cada nação, em cada região, agora deve tomar uma decisão. Ou você está conosco, ou está com os terroristas. Deste dia em diante, qualquer nação que continue a abrigar e ajudar o terrorismo será vista pelos Estados Unidos como um regime hostil. (Bush, 1990)[7]

Nesse sentido, os Estados Unidos estabeleceram uma estratégia de contraterrorismo assentada em quatro pilares principais: i) não

||||||||||||

6 No original: "Our war on terror begins with Al Qaida, but it does not end there. It will not end until every terrorist group of global reach has been found, stopped, and defeated".

7 No original: "we will pursue nations that provide aid or safe haven to terrorism. Every nation, in every region, now has a decision to make: either you are with us, or you are with the terrorists. From this day forward, any nation that continues to harbor or support terrorism will be regarded by the United States as a hostile regime".

permitir qualquer concessão ou margem para acordo com terroristas; ii) trazer os terroristas à Justiça pelos crimes que cometeram; iii)
isolar e pressionar Estados que patrocinam o terrorismo para for-
çá-los a mudar de comportamento; iv) fortalecer as capacidades de
contraterrorismo dos países que trabalham com os Estados Unidos
e necessitam de ajuda (EUA, 2003).

Além dos discursos presidenciais que expressavam a urgência da
questão e posicionavam pelo combate ao terrorismo, apresentando-o
como uma luta de *nós* contra *eles*, do bem contra o mal, é possível também listar outros instrumentos que contribuíram para lidar com essa
temática pela via da segurança. Dentre elas, a resolução 1373 (2001)
pode ser considerada uma das mais emblemáticas do pós-11/9, pois,
além de criar o Comitê de Contraterrorismo,[8] estabeleceu parâmetros
internacionais para lidar com esse fenômeno e evitar novos atentados;
a saber: (i) criminalizar o financiamento do terrorismo; (ii) congelar
fundos de pessoas envolvidas em atos de terrorismo; (iii) negar qualquer forma de suporte financeiro para grupos terroristas; (iv) impedir que abrigo, suporte e sustento sejam oferecidos a terroristas; (v)
compartilhar informações com outros governos sobre a investigação,
detecção, prisão, extradição ou processo daqueles envolvidos em atos
terroristas; (vi) criminalizar a assistência passiva ou ativa ao terrorismo em leis nacionais e trazer à Justiça seus violadores.

Considerando o terrorismo um elemento transnacional, volátil e difuso, para que o movimento de securitização proposto pelos
EUA pudesse avançar era necessário não só ligá-lo a outras questões
mais tangíveis, como armas de destruição em massa (AMDs), crime
internacional e tráfico de drogas, mas também associá-lo a "faces"

||||||||||||

8 O Comitê de Contraterrorismo é formado pelos quinze países do Conselho de Segurança e foi estabelecido com vistas a monitorar e ajudar os países a implementarem
as medidas estabelecidas na resolução 1373. Dessa forma, objetiva-se melhorar suas
capacidades para conter atividades terroristas internamente e nas regiões próximas.
Para mais informações, ver <http://www.un.org/sc/ctc/>. Acesso em: 27 mar. 2018.

concretas e identificáveis pelo grande público, tal qual as imagens de Bin Laden e, posteriormente, de Saddam Hussein.

Dessa forma, o primeiro momento de securitização do terrorismo se concretizou com a resolução 1386 (2001), na qual o Conselho de Segurança das Nações Unidas (CSNU) aprovou, sob o capítulo VII de sua Carta, o estabelecimento da International Security Assistance Force (ISAF, Força Internacional de Assistência à Segurança). Essa intervenção tinha o propósito de assistir ao novo governo da República Islâmica do Afeganistão no exercício efetivo de sua autoridade, por meio da implantação de forças de auxílio capazes de garantir a segurança em Cabul e nas áreas próximas. Assim, através da construção de um ambiente propício para a atuação das autoridades afegãs e da ONU, pretendia-se impedir que o regime Talibã voltasse a controlar o país e, consequentemente, que estivesse em condições de conceder abrigo a grupos terroristas.

Antecedentes históricos

Breve resumo da Primeira Guerra do Golfo

O estopim da Primeira Guerra do Golfo foi a invasão do Kuwait pelo Iraque.[9] As alegações do segundo eram que o primeiro desrespeitava continuamente o preço e o nível de produção de petróleo estabelecidos pela Opep – o que gerava uma concorrência desleal com relação a outros países –, além de defraudar petróleo do campo de Rumaila, localizado em solo iraquiano, mas próximo à fronteira com o Kuwait.

O vácuo na posição de um inimigo a ser combatido, ou de outra grande potência a ser confrontada, após o fim da Guerra Fria,

||||||||||||

9 Alguns autores denominam esta como a Primeira Guerra do Golfo, pois acreditam que a invasão do Iraque, em 2003, pode ser considerada a Segunda Guerra do Golfo.

foi momentaneamente preenchido pela rápida resposta à invasão. A velocidade com que a comunidade internacional se mobilizou se deveu à percepção de que tal conflito, além de gerar grande instabilidade regional, poderia se constituir em uma ameaça para todo o sistema.

A princípio, a questão foi tratada pela via das sanções econômicas, aprovadas pelo CSNU,[10] de maneira forçar um posicionamento favorável do Iraque por meio de recursos diplomáticos. O não cumprimento das demandas do Conselho pelo governo de Saddam Hussein exigiu um posicionamento mais contundente da comunidade internacional. Em 29 de novembro de 1990, o CSNU, através da resolução 678, impôs um ultimato ao governo iraquiano, afirmando que, caso este não atendesse às exigências da resolução 660 e às demais subsequentes resoluções até 15 de janeiro de 1991, os Estados-membros estariam autorizados a tomar todas as medidas necessárias para obrigá-lo a se retirar do território vizinho e a satisfazer as demandas prévias estabelecidas pelo Conselho.

Findo o ultimato, a postura ainda desafiante de Hussein fez com que o governo George H. W. Bush liderasse a operação Desert Storm (Tempestade no deserto), formada por uma coalisão com mais de vinte aliados para atuar militarmente na região. Ela teve início em 17 de janeiro de 1991, com ataques aéreos, até que em 24 de fevereiro daquele ano a operação passou a adotar também incursões em solo.[11]

|||||||||||

10 Especificamente pelas resoluções 660, 661, 662, 664, 665, 666, 667, 669, 670, 674 e 677, todas de 1990.

11 O emprego da força baseou-se na Doutrina Powell, cujo nome faz referência a Collin Powell. Este, após lutar no Vietnã e verificar as experiências negativas vivenciadas pelos Estados Unidos naquela guerra, percebeu que era necessário um novo pensamento estratégico. Nesse sentido, considerando a grande perda de apoio nacional da guerra do Vietnã, a doutrina tinha como meta evitar ao máximo o número de baixas, tanto de militares quanto de civis, do lado inimigo e, principalmente, do lado amigo. Para isso, defendia a ideia de uma guerra limpa em que a utilização de bombardeios cirúrgicos, além de, teoricamente, poupar vidas, seria capaz de reduzir

A liderança dos Estados Unidos justificava-se não apenas por sua superioridade econômica e militar, mas principalmente por seu interesse estratégico na região. Com a invasão e possível incorporação do território kuwaitiano por Saddam Hussein, a região passaria por um reordenamento de forças em que um Iraque mais forte seria sinônimo de ameaça para dois grandes aliados dos Estados Unidos na região: Israel e Arábia Saudita. Preocupados em defender seus interesses na região e em demonstrar força para o governo de Saddam Hussein, o governo norte-americano iniciou a operação Desert Shield (Escudo do deserto) cinco dias após o início das hostilidades entre Iraque e Kuwait. Em linhas gerais, essa operação consistiu no posicionamento de tropas norte-americanas na Arábia Saudita para protegê-la do avanço iraquiano rumo ao seu território.

Com o cessar-fogo, as hostilidades entre os países se encerraram. No entanto, as violações cometidas pelo governo iraquiano, não só ao invadir outro território soberano, mas também ao utilizar contra ele armamentos químicos e biológicos,[12] levaram, por meio da resolução 687, a um regime de sanções ainda mais severo e ao estabelecimento da United Nations Special Comission (UNSCOM). De acordo com Brown (1999, p.57),

> Se a resolução 661 foi uma medida coercitiva, a nova resolução do pós-guerra pode ser encarada também como punitiva [...]. Foi também a primeira vez que um embargo da ONU tão draconiano foi imposto a um

||||||||||||

o tempo de permanência no ambiente do conflito, evitando, ou ao menos abreviando, a atuação em solo.

12 É importante ressaltar que o Iraque é signatário do Protocolo para a Proibição do Uso de Gases Asfixiantes, Venenosos e Outros Gases e Métodos Bacteriológicos em Conflitos (assinado em Genebra, 1925); e da Convenção para a Proibição do Desenvolvimento, Produção e Estoque de Armas Bacteriológicas (biológicas) e tóxicas (assinado em 1972, com posterior ratificação). Para mais informações, ver: <http://disarmament.un.org/treaties/s/iraq>. Acesso em: 27 mar. 2018.

Estado que tinha acabado de sofrer graves danos em sua infraestrutura no decorrer de uma guerra.[13]

A comissão era formada por um grupo de especialistas da ONU e detinha os seguintes objetivos: (i) inspecionar instalações com suposta capacidade de produzir armas químicas e biológicas; (ii) tomar posse do material em estoque, bem como dos componentes para a sua produção, de forma a removê-los, destruí-los ou torná--los inofensivos; (iii) supervisionar a destruição de todos os mísseis balísticos com alcance maior que 150 km, além dos componentes para a sua fabricação e manutenção; (iv) monitorar o cumprimento pelo governo iraquiano da ordem de não usar, desenvolver ou adquirir nenhum dos itens acima listados. A Comissão deveria, ainda, assistir à AIEA no desenvolvimento de suas atividades, as quais eram similares às funções da Comissão, mas se restringiam à área nuclear.

A UNSCOM atuou de 1991 até 1998, e seu último ano foi marcado por tensões entre o Iraque, os Estados Unidos e o CSNU, de tal forma que a deterioração das relações entre Bagdá e a UNSCOM levou ao fim da cooperação iraquiana com a Comissão. No fim daquele ano, o então secretário-geral da ONU, Kofi Annan, elaborou um documento que previa uma *comprehensive review* (revisão abrangente) dos esforços do Iraque rumo a seu total desarmamento, a qual, além de outros pontos, garantia o estabelecimento de um prazo para o fim das restrições a exportações de produtos iraquianos, como previsto no parágrafo 22 da resolução 687 para o regime de sanções econômicas. Os Estados Unidos e o Reino Unido, entretanto, rejeitaram a proposta de suspender o embargo ao petróleo iraquiano mesmo que

||||||||||||

13 No original: "If Resolution 661 had been a coercitive measure, the new post-war resolution coul also be regarded as punitive [...] This was also the first time such a draconian UN embargo had been imposed on a state which had just suffered severe infrastructure damage in the course of a war".

o governo desse país cumprisse a exigência de eliminar suas ADMs (Rai, 2002). Bagdá interpretou tal posicionamento como "confirmação da sua antiga – e plausível – crença de que, mesmo que acabasse com todas as suas armas, nenhuma administração norte-americana suspenderia o embargo ao petróleo enquanto Hussein estivesse no poder" (*The Economist*, 1998).[14]

Nesse sentido, o Iraque cessou sua cooperação com a UNSCOM e, em resposta, os Estados Unidos e o Reino Unido afirmaram não haver outra saída senão o uso da força para lidar com o obstrucionismo de Saddam Hussein. Em 16 de dezembro de 1998 iniciou-se a operação Desert Fox (Raposa do deserto) em que os dois países supracitados lançaram uma campanha aérea de quatro dias de intensos bombardeios contra o Iraque com o objetivo de destruir instalações com suposta capacidade de produção de ADMs e para forçá-lo a cumprir as demandas do CSNU.

Em substituição à UNSCOM, a resolução 1284, de dezembro de 1999, instaura a United Nations Monitoring, Verification and Inspection Commission (UNMOVIC, Comissão de Monitoramento, Verificação e Inspeção das Nações Unidas). Devido às acusações de que as informações recolhidas pela UNSCOM no Iraque foram enviadas e utilizadas por centros de inteligências de certos países, como os Estados Unidos, o *staff* da nova missão da ONU, diferentemente da anterior, era formado apenas por funcionários da ONU (UNMOVIC). Ainda assim, o receio de Bagdá com relação a um novo regime de inspeções em solo iraquiano fez que, desde 1998, o Iraque não recebesse nenhuma missão da ONU para inspeção e verificação.

||||||||||||

14 No original: "confirmation of its long-held–and plausible–belief that, even if it did come clean on all its weapons, no American administration would lift the oil embargo so long as Mr Hussein remained in power".

Contexto internacional pré-securitização

Antes de entrarmos de fato na construção retórica do movimento de securitização norte-americano e seus desdobramentos, faz-se necessária uma breve apresentação da conjuntura em que os atores estavam envolvidos na época, de forma a situarmos os discursos em seu contexto histórico. Para fins de análise, nos concentraremos na contextualização referente aos membros permanentes do Conselho de Segurança, com exceção dos Estados Unidos.[15]

No final do século XX havia um receio dos Estados sobre como se desenvolveria a nova ordem internacional e, principalmente, qual seria o posicionamento dos Estados Unidos frente a uma nova conjuntura sem uma grande potência que pudesse contrabalançar seu poder. Se em fins daquele século já havia tal percepção, com o início do século XXI e os ataques terroristas do 11 de Setembro a sensação de insegurança e da necessidade de alerta aumentou. Apesar de essa tensão inicial ter sido favorável para proporcionar aos Estados Unidos a condenação mundial dos atentados e o apoio à intervenção militar no Afeganistão, quando o foco norte-americano se deslocou para o Iraque tal contexto de pânico não se traduziu em anuência pela comunidade internacional como um todo, nem pela maioria dos países permanentes do CSNU.

A França já havia perdido seu *status* de "império do universal" (Bourdieu, 2003) para os Estados Unidos, principalmente no que tange à difusão e universalização de questões culturais. Entretanto, mesmo já tendo tido, anteriormente, um comportamento imperialista, a posição da França pode ser justificada por uma tentativa de impedir que os Estados Unidos adotassem tal postura nesse novo contexto. Dessa forma, o governo francês tinha o propósito de evitar

---

15 Para uma abordagem sobre o contexto interno norte-americano na época e o movimento intelectual que defendeu a necessidade de uma intervenção militar no Iraque, ver o capítulo 2 deste livro.

que a política externa norte-americana conseguisse se valer do discurso do combate ao terrorismo para realizar uma intervenção de mudança de regime no Iraque.

Com relação à Rússia, o contexto de século XXI nos apresenta alguns indícios do porquê do veto russo à ação no Iraque. Ainda que a princípio a Rússia tenha utilizado o discurso de combate ao terrorismo para enquadrar como terroristas alguns grupos de minorias éticas em seu território, seu posicionamento perante o pedido norte--americano se deve não apenas a uma questão geopolítica, mas também a uma percepção de receio sobre a política unilateral adotada pelo governo Bush. Um exemplo de atitude que pode ter contribuído para desgastar a relação entre esses países foi a retirada unilateral dos Estados Unidos do Tratado Antimísseis, em dezembro de 2001,[16] assinado por eles e pela União Soviética em 1972.

O entendimento das relações entre China e Estados Unidos na virada do século XX para o XXI também revela um contexto interessante. Nesse período, a China inicia um processo de transição em que almeja surgir no cenário internacional como uma nova potência com interesses próprios e capaz de influenciar todos os pontos do globo. Dessa forma, o presidente Hu Jintao e seu primeiro-ministro Wen Jiabao empregaram uma estratégia de política externa com vistas a alçar a China a um papel de liderança internacional. Mesmo com a aproximação entre os Estados Unidos e a China, suas divergências sobre como lidar com o terrorismo e, principalmente, a necessidade chinesa de abandonar uma imagem de país vulnerável para se afirmar no cenário internacional são fatores consideráveis

||||||||||||

16 O tratado basicamente limitava a construção de sistemas nacionais antimísseis para a defesa contra mísseis nucleares. A menção a ele é importante, pois, além de sinalizar o início da construção de uma política externa militarista unilateral, representa, nesse momento, a primeira vez que, no pós-Guerra Fria, os Estados Unidos abandonarão um tratado de controle de armas.

para entender sua negativa aos Estados Unidos no caso iraquiano (Kissinger, 2012).

Sobre a relação entre o Reino Unido e os Estados Unidos, o contexto da época mantém o padrão das relações especiais que esses países construíram ao longo do declínio do Reino Unido como potência, com a consequente substituição de seu papel pelos Estados Unidos (Hardt; Negri, 2006). Assim, apesar de enfrentar um considerável questionamento interno sobre a intervenção no Iraque, a política externa inglesa adotou o alinhamento automático com os Estados Unidos.

Com exceção do Reino Unido, que apoiou a intervenção, a negativa dos demais países, independentemente de seus motivos específicos, pode ser justificada no geral pela percepção de que era necessária uma postura mais reticente perante o *hegemon*. Isso ocorreu não apenas para impedir a concretização de uma postura percebida por esses países e pela maioria da comunidade internacional como imperial, mas também para frear seu impulso de passar por cima dos mecanismos normativos internacionais de contenção da ação dos Estados, evitando a deterioração e a perda de credibilidade da ONU e do CSNU.

Como resume Jervis (2003, p.21) a respeito do comportamento da Europa,

a maioria dos Estados europeus tem toda razão em se preocupar com a hegemonia norte-americana e possui capacidade suficiente para buscar constrangê-lo. Esse não é um contrabalanço tradicional de poder, o qual é orientado por medos sobre questões de segurança. [...] Mas eles [maioria dos europeus] de fato temem que um mundo dominado pelos Estados Unidos seja um mundo em que seus valores e interesses fiquem à mercê da tolerância norte-americana. Não é surpreendente que em abril de 2002 uma pesquisa mostrasse que a impressionante maioria dos países europeus percebia a política dos Estados Unidos com relação ao Iraque e o Oriente

Médio como baseada "principalmente nos seus [dos Estados Unidos] próprios interesses".[17]

Movimento de securitização da Segunda Guerra do Iraque

Escenificação do inimigo

A construção do Iraque como inimigo dos Estados Unidos não se iniciou com os ataques terroristas de 11 de setembro. O começo desse processo pode ser identificado, antes, na eclosão da Guerra do Golfo, a partir do que se estende por três administrações norte-americanas. Com os atentados e o subsequente sucesso do processo de securitização do caso afegão,[18] entretanto, o *establishment* norte-americano conseguiu estabelecer uma lógica de raciocínio mais palatável e aceitável para o grande público nacional – como descrito no capítulo anterior – e internacional que justificasse uma mudança na política para o Iraque.

A ideia de que era necessária uma mudança de atitude com relação a Bagdá também é anterior ao 11 de Setembro, uma vez que antes mesmo de 2001 já era possível verificar o surgimento desse

|||||||||||||

17 No original: "the large European states have every reason to be concerned about American hegemony and suficiente resources to seek to constrain it. This is not traditional power balancing, which is driven by security fears; [...] But they do fear that a world dominated by the United States would be one in which their values and interests would be served only at American sufferance. It is hardly surprising that an April 2002 poll showed that overwhelming majorities within many European countries felt that American policy toward Iraq and the Middle East in general was based 'mainly on its own interests'.

18 Empregamos a palavra *sucesso* aqui nos referindo à perspectiva norte-americana. Até o momento inicial da construção da securitização do caso iraquiano, os Estados Unidos estavam ainda no primeiro ano de intervenção no Afeganistão, caminhando para o segundo, de forma que à época não havia a percepção dessa intervenção como fracasso. A aceitação dessas ações militares e, consequentemente, a popularidade do governo Bush irão entrar em processo de desgaste por volta dos anos 2004 e 2005.

discurso no campo neoconservador norte-americano. Essa ala, que ganhou grande espaço na administração Bush (2001-2009), propunha uma política externa que abandonasse a contenção do regime iraquiano e que partisse para a ação preventiva. Justificava-se que, com a permanência de Saddam Hussein no poder, o Iraque nunca iria cumprir as exigências do CSNU e, portanto, era vital, tanto para a segurança dos EUA quanto para a segurança internacional, que se estabelecesse uma mudança de regime.

Por entendermos que a construção do inimigo iraquiano é originária de um período anterior ao 11 de setembro, consideramos que após os ataques terroristas a administração Bush e seu entorno intelectual neoconservador arquitetaram a construção de um novo patamar para essa ameaça com base em sua "escenificação" (ou "encenação") (Beck, 2007), ou seja, em sua antecipada apresentação como catástrofe para que, em razão de seu caráter excepcional, os atores fossem direcionados, se não impelidos, à ação. Tal escenificação inicia-se a partir do segundo semestre de 2002, quando é possível verificar nos discursos diplomáticos no CSNU e presidenciais norte-americanos uma recorrente menção ao caso iraquiano. A urgência dessa questão é justificada pelos Estados Unidos em três principais eixos.

O primeiro se relaciona à psique de Saddam Hussein, ao apresentá-lo não só como um líder tirânico e constante violador dos direitos humanos de seus nacionais, mas também como alguém cujo ódio pela civilização ocidental seria capaz de orientá-lo a organizar, ou auxiliar terroristas, em um ataque contra os Estados Unidos e seus aliados.

> Muitos norte-americanos levantaram questões legítimas sobre a natureza da ameaça, sobre a urgência da ação – por que se preocupar agora –, sobre a ligação entre o desenvolvimento de armas de terror pelo Iraque e a mais abrangente guerra ao terror. Essas são questões que nós discutimos ampla e completamente na minha administração. E hoje à noite eu quero compartilhar essas discussões com vocês. Primeiramente, me questionaram

por que o Iraque é diferente dos outros países ou regimes que também possuem armas terríveis. Embora existam vários perigos no mundo, a ameaça vinda do Iraque se destaca por agregar as ameaças mais perigosas de nossa era em um só lugar. As armas de destruição em massa do Iraque são controladas por um tirano homicida que já utilizou armas químicas para matar milhares de pessoas. Esse mesmo tirano tentou dominar o Oriente Médio, invadiu e ocupou brutalmente seu pequeno vizinho, atacou outras nações sem aviso prévio e mantém uma implacável hostilidade com relação aos Estados Unidos. (Bush, 2002d)[19]

O segundo eixo se refere à acusação de que o Iraque mantinha relações com redes terroristas, em especial com a Al Qaeda. De acordo com a administração Bush, tal relação poderia ser identificada na concessão de abrigo e suporte por Bagdá a terroristas, principalmente após a invasão do Afeganistão, quando supostamente alguns desses indivíduos teriam escapado e se escondido em solo iraquiano (Bush, 2002b). Os Estados Unidos afirmaram ainda que o próprio Hussein teria auxiliado a Al Qaeda na execução dos ataques de 11 de Setembro. Como justificativa, foram apresentados indícios de que um oficial da inteligência iraquiana teria se encontrado com Mohammed Atta, o piloto do primeiro avião a colidir com as Torres Gêmeas, na República Tcheca em abril de 2001

||||||||||||

19 No original: "Many Americans have raised legitimate questions about the nature of the threat, about the urgency of action – why be concerned now – about the link between Iraq developing weapons of terror and the wider war on terror. These are all issues we've discussed broadly and fully within my administration. And tonight I want to share those discussions with you. First, some ask why Iraq is different from other countries or regimes that also have terrible weapons. While there are many dangers in the world, the threat from Iraq stands alone because it gathers the most serious dangers of our age in one place. Iraq's weapons of mass destruction are controlled by a murderous tyrant who has already used chemical weapons to kill thousands of people. This same tyrant has tried to dominate the Middle East, has invaded and brutally occupied a small neighbor, has struck other nations without warning, and holds an unrelenting hostility toward the United States".

(Rai, 2002; Kaufmann, 2004).[20] Sobre essa relação, o presidente Bush afirmou que

> Nós sabemos que o Iraque e a rede terrorista da Al Qaeda partilham um inimigo em comum – os Estados Unidos da América. Sabemos que o Iraque e a Al Qaeda há décadas vêm mantendo contato com seus membros do alto escalão. Alguns líderes da Al Qaeda que fugiram do Afeganistão foram para o Iraque. [...] Chegou a nosso conhecimento que o Iraque treinou membros da Al Qaeda para a confecção e o uso de bombas e gases tóxicos. E sabemos que depois do 11 de Setembro o regime de Saddam Hussein celebrou os ataques terroristas contra os Estados Unidos. (Bush, 2002d)[21]

Ademais, a iniciativa de relacionar o terrorismo com o Iraque não expressa apenas a intenção de qualificar essa questão como ameaça urgente. Há também o objetivo de associar o terrorismo – ameaça volátil e difusa – a Estados específicos como forma de facilitar não só a construção de uma imagem de inimigo que fosse acessível pelo grande público, mas também pela identificação de culpados e sua consequente criminalização. Essa associação é claramente observável quando Bush declara que "Estados como estes [Iraque, Irã e Coreia do Norte] e seus aliados terroristas constituem um *eixo do mal* que se arma para ameaçar a paz mundial" (Bush, 2002a).[22]

||||||||||||

20 Mais tarde, investigações indicaram que Mohammed Atta, no período de abril de 2001, encontrava-se provavelmente na Virgínia, e não em Praga, como afirmado na acusação, colocando por terra esse indício de vínculo entre Hussein e a Al Qaeda.
21 No original: "We know that Iraq and the Al Qaida terrorist network share a common enemy – the United States of America. We know that Iraq and Al Qaida have had high-level contacts that go back a decade. Some Al Qaida leaders who fled Afghanistan went to Iraq. [...] We've learned that Iraq has trained Al Qaida members in bombmaking and poisons and deadly gases. And we know that after September the 11th, Saddam Hussein's regime gleefully celebrated the terrorist attacks on America".
22 No original: "States like these and their terrorist allies constitute an axis of evil, arming to threaten the peace of the world". Grifo nosso.

O terceiro eixo é baseado na afirmação de que o Iraque ainda detinha armas biológicas e químicas de destruição em massa e estaria reativando seu programa para a fabricação de uma bomba atômica. Esse argumento se tornará, como veremos ao longo deste capítulo, a justificativa mais forte e importante para a intervenção. Isso se dá por dois fatores principais: (i) a ação militar norte-americana foi fundamentada na interpretação de que Saddam havia desperdiçado sua última chance de cooperar espontaneamente com a ONU para o desmantelamento do programa iraquiano de ADMs; (ii) a acusação conseguia agregar, mesmo que de forma secundária, dois outros argumentos – a posse de ADMs por um regime autoritário e instável cujo ódio pela civilização ocidental é apresentado como evidente e que possui, ainda, supostas ligações com grupos terroristas, o que tornaria tal cenário ainda mais grave, preocupante e urgente.

> O Iraque continua a ostentar *sua hostilidade com relação aos Estados Unidos* e a *apoiar o terrorismo*. O regime iraquiano desenvolveu *antraz, gás neurotóxico* e *armas nucleares* por uma década. Esse é um regime que já usou gás venenoso para matar milhares de seus próprios cidadãos, deixando os corpos de mães debruçados sobre seus filhos mortos. Esse é um regime que aceitou inspeções internacionais e depois expulsou os inspetores. Esse é um regime que tem algo a esconder do mundo civilizado. (Bush, 2002a)[23]

A partir desses três pilares, os Estados Unidos começam a se movimentar no CSNU e a mobilizar os demais países do Conselho no sentido de convencê-los sobre a necessidade de novas medidas

||||||||||||

23 No original: "Iraq continues to flaunt its hostility toward America and to support terror. The Iraqi regime has plotted to develop anthrax and nerve gas and nuclear weapons for over a decade. This is a regime that has already used poison gas to murder thousands of its own citizens, leaving the bodies of mothers huddled over their dead children. This is a regime that agreed to international inspections, then kicked out the inspectors. This is a regime that has something to hide from the civilized world". Grifos nossos.

contra o Iraque. Os discursos do embaixador Negroponte, como previsto, se alinham aos discursos presidenciais sobre o caráter desafiador demonstrado nas atitudes de Hussein perante a ONU e, portanto, da urgência dessa questão para a segurança internacional. Em suas palavras no Conselho, Negroponte afirma que

> A ameaça hoje é séria e única, e emerge diretamente das ações do próprio regime iraquiano: sua história de agressão e brutalidade, seu desafio à comunidade internacional e seu avanço rumo à constituição de um arsenal de terror e destruição. [...] um regime que mentiu sobre seu desenvolvimento de armas de destruição em massa, um regime que assinou o Tratado de Não Proliferação Nuclear e depois começou a desenvolver um grande programa de armas nucleares. (Negroponte, 2002a)[24]

Para pressionar os Estados-membros a adotarem uma postura mais rígida perante Bagdá, os discursos norte-americanos nesse órgão trabalharam com uma tática de constrangimento, ainda que naquele momento seja utilizada de maneira sutil. Houve declarações como "o desafio agora é as Nações Unidas conseguirem cumprir com as funções que seus fundadores idealizavam; nós esperamos que a resposta seja 'sim'" e "agora o foco está de novo no Conselho de Segurança; nós esperamos e desejamos que o Conselho aja e desempenhe seu papel de salvaguardar nossa segurança" (Negroponte, 2002a).[25] Com elas, os Estados Unidos puseram em xeque a funcionalidade

||||||||||||

24 No original: "The threat today is serious and unique, and it arises directly from the Iraqi regime's own actions: its history of aggression and brutality, its defiance of the international community and its drive towards an arsenal of terror and destruction. [...] a regime that has lied about its development of weapons of mass destruction; a regime that signed the Nuclear Non-Proliferation Treaty and then proceeded to develop a major nuclear weapons programme".

25 No original: "The challenge now is whether the United Nations can perform the function its founders envisaged. We very much hope the answer will be, 'Yes'" e "Now, the spotlight is back on the Security Council. We hope and expect that the Council will act and play its proper role as a safeguard of our common security".

e a credibilidade não só do Conselho de Segurança, mas de toda a ONU. É possível perceber, aqui, que o objetivo dos Estados Unidos perante sua audiência é a confecção de uma resolução que retome especificamente as resoluções 661 (1991), 678 (1991) e 687 (1991), que permitiam o retorno da UNMOVIC e da AIEA para o Iraque e estabeleciam claramente que aquela era a última chance de Bagdá para cumprir "com suas obrigações e [permitir] que uma ação militar seja prevenida" (Negroponte, 2002b).[26]

É importante ressaltarmos também que, apesar de não identificarmos pelos discursos presidenciais e diplomáticos no CSNU que o objetivo inicial dos Estados Unidos era a autorização de uma intervenção militar, na reunião 4625 do Conselho o embaixador norte-americano Negroponte afirmou não descartar essa possibilidade e, mais ainda, declarou ter autorização do Senado e da Câmara para usar a força, caso fosse necessário. Para conter o receio dos demais países acerca dessa questão, o embaixador afirmou que o "discurso do presidente Bush foi uma declaração de objetivos, e não uma declaração de guerra" (Negroponte, 2002a).[27]

Para fins de compreensão do movimento de securitização, podemos entender esse período como conformador de um primeiro estágio.[28] Nele, os Estados Unidos exacerbam a imagem de um inimigo, no caso o Iraque, cuja ameaça é de proporções incalculáveis,

||||||||||

26 No original: "comply with its obligations and that military action can be averted".
27 No original: "President Bush's speech was a declaration of purpose, not a declaration of war".
28 Apesar de entendermos que a atuação de um agente dentro de um movimento de securitização e a reação da audiência a quem ele se refere fazem parte de um mesmo processo de interlocução contínua e, portanto, que não deveriam ser percebidos como dois momentos estanques, optamos por apresentá-los dessa forma com o objetivo de tornar mais didática nossa explicação. Ainda com essa mesma justificativa, escolhemos dividir o movimento de securitização em dois estágios: o primeiro vai até a criação da resolução 1441 do CSNU, em 8 de novembro de 2002 – não à toa, nesse primeiro momento todos os discursos apresentados foram proferidos até essa data; o segundo momento, como veremos adiante, seguirá até a intervenção.

apresentam-na para o Conselho e incitam seus Estados-membros à ação.[29] Sua audiência, no caso os demais membros do Conselho, após avaliar essa demanda, apresentará uma reação. Na próxima seção veremos como tal reação se deu e em que medida esse primeiro estágio foi concluído de maneira satisfatória aos objetivos norte--americanos, ou não.

Comportamento da audiência – estágio I

O CSNU é formado por quinze membros, nove rotativos, com direito a voto, e 5 permanentes, com direito a voto e a veto. Entretanto, dependendo do assunto que venha a ser discutido nesse órgão, outros países podem solicitar presença nas reuniões, possuindo apenas direito a voz, ou seja, sem direito a voto. Dessa forma, considerando que diversas reuniões sobre a questão "Kuwait-Iraque", como denominado no CSNU, ocorreram com quórum muito superior aos quinze membros originais, decidimos, para fins de análise do comportamento da audiência, considerar basicamente os discursos dos membros permanentes e, por vezes, os dos representantes da UNMOVIC e da AIEA.

Nesse primeiro estágio, a França já se mostrava um dos países mais ativos e questionadores dos verdadeiros interesses norte-americanos no caso iraquiano. Apesar disso, o país concordou com a volta das inspeções com consequente aumento da rigidez, bem como com

||||||||||||

29 A título de exemplo, de acordo com o embaixador Negroponte (2002a), "Our intent is that the Council should meet the challenge and stand firm, resolute and united in adopting a draft resolution that holds Iraq to its commitments, lays out clearly what Iraq must do to comply and states that there will be consequences if Iraq refuses to do so". [Nosso objetivo é que o Conselho de Segurança enfrente esse desafio e se mantenha firme, resoluto e unido na adoção de uma resolução que exija do Iraque a manutenção de seus compromissos, que estabeleça claramente o que o Iraque precisa fazer para acatar a resolução proposta e que afirme que haverá consequências caso o Iraque se recuse a seguir as diretrizes do Conselho.]

o reforço de seu caráter independente e multinacional.[30] A França adotou, então, um posicionamento favorável à resolução 1441, afirmando que sua aprovação seria um grande avanço nos esforços rumo ao desarmamento pacífico do Iraque e à garantia de estabilidade na região (Levitte, 2002b).

Mesmo votando em favor da resolução e colaborando com os objetivos norte-americanos, a França propôs que a questão fosse abordada em dois momentos: durante a primeira fase, o CSNU adotaria a resolução de forma a apresentar a Bagdá as "regras do jogo"; na segunda, caso a UNMOVIC e a AIEA percebessem que o país estava se recusando a cooperar, o Conselho deveria então se reunir imediatamente para definir novas medidas apropriadas. Com essa proposta, acreditamos que a representação francesa estivesse tentando criar mecanismos para evitar uma intervenção automática em caso de não cooperação.

Consoante a essa proposta, a França, em seu discurso, argumentou que o CSNU deveria levar em consideração apenas as opiniões dos órgãos responsáveis pelas inspeções e que, na década de 1990, estas haviam sido muito mais eficazes no desarmamento iraquiano do que a Guerra do Golfo. De acordo com nossa percepção, a exposição desses dois pontos não é desinteressada. Podemos interpretá-los como: (i) uma resposta direta aos Estados Unidos sobre a autorização nacional para o uso da força; (ii) uma tentativa de desmotivar interferências intencionais, presentes e futuras, sobre a verificabilidade da cooperação pelo Iraque; (iii) e, ainda, uma tentativa de cooptar a audiência a posicionar-se em favor, preferencialmente, da resolução do

||||||||||||

30 Sobre a declaração da necessidade de um regime de inspeções independente e multinacional, acreditamos que se trate de uma alusão às acusações feitas por Bagdá à UNSCOM, de que alguns de seus membros estariam cooperando com a CIA e repassando à agência informações sobre os equipamentos militares do Iraque que iam além das questões sobre ADMs.

caso pela via dos meios diplomáticos e políticos. Sobre esses pontos, seguem seus posicionamentos:

> Ademais, o resultado das inspeções das Nações Unidas tem sido muito positivo. É fato que os inspetores da Comissão Especial das Nações Unidas (UNSCOM) destruíram mais armas de destruição em massa entre 1991 e 1998 do que as operações militares durante a Guerra do Golfo. Em 1998, a AIEA acreditou ter tido sucesso no desmantelamento do programa nuclear iraquiano. (Levitte, 2002a)[31]
>
> Finalmente, é a opinião do sr. Blix e do sr. ElBaradei – ou seja, daqueles que realmente terão de liderar as inspeções em solo – que deverá guiar o Conselho de Segurança em suas escolhas. São eles que devem determinar o que os ajudará a atingir os objetivos da missão. Nosso dever é assisti-los, e não dificultar sua missão. (Levitte, 2002a)[32]

A posição da Rússia também se coaduna com a da França, tanto na votação favorável à resolução quanto nas críticas a ela. Na visão russa, não há nenhuma evidência de que o Iraque possa ser relacionado ao contexto de combate ao terrorismo e que ainda possua ADMs ou que esteja reestruturando o seu programa de ADMs. Entretanto, acredita que se existem dúvidas acerca dessa questão, a melhor maneira de saná-las é através do programa de inspeções.

||||||||||||

31 No original: "Furthermore, the outcome of United Nations inspections has been very positive. It is a fact that United Nations Special Commission (UNSCOM) inspectors destroyed more weapons of mass destruction between 1991 and 1998 than did the military operations during the Gulf War. In 1998, the IAEA believed it had succeeded in dismantling the Iraqi nuclear programme".

32 No original: "Finally, it is the opinion of Mr. Blix and Mr ElBaradei – that is, those who will have to lead the inspections on the ground – that should guide the Security Council in its choices. It is up to them to determine what would help them achieve their mission. Our duty is to assist them, not to complicate their task".

Se nós todos estivermos sinceramente interessados na não renovação de programas de armas de destruição em massa no Iraque, então qual é a questão pendente? O que estamos esperando? Os inspetores podem viajar amanhã mesmo, e o Iraque sabe que deve cooperar inteiramente com eles. Se não estamos falando sobre o uso de inspeções, mas sobre uma tentativa de usar o Conselho de Segurança para criar uma base legal para o uso da força, ou mesmo para uma mudança de regime de um Estado-membro das Nações Unidas – e esse objetivo tem sido constante e publicamente aludido por inúmeros oficiais –, então nós não vemos como o Conselho de Segurança pode dar seu consentimento a esse tipo de atitude. (Lavrov, 2002a)[33]

Todas essas nações afirmam, criticamente, que a redação da resolução 1441 não é a ideal, mas apesar disso votaram a favor, por sua importância enquanto mecanismo para evitar a ameaça da guerra e para abrir espaço ao arranjo diplomático. Assim como a França, é visível nos discursos russos a preocupação com a possibilidade de essa resolução ser utilizada como instrumento que autoriza automaticamente uma intervenção, de tal maneira que declaram, literalmente, a necessidade de "não ceder à tentação da interpretação *unilateral* da resolução e de preservar o consenso e a unidade de todos os membros do CSNU" (Lavrov, 2002b).[34]

||||||||||

33 No original: "If we are all sincerely interested in the nonrenewal of weapons of mass destruction programmes in Iraq, then what is the remaining issue? What are we waiting for? The inspectors can travel as early as tomorrow and Iraq knows that it must fully and scrupulously cooperate with the inspectors. If we are talking not about the deployment of the inspections but about an attempt to use the Security Council to create a legal basis for the use of force, or even for a regime change of a United Nations Member State – and this goal has been constantly and publicly alluded to by several officials – then we see no way how the Security Council could give its consent to that".

34 No original: "not yielding to the temptation of unilateral interpretation of the resolution's provisions and preserving the consensus and unity of all members of the Security Council". Grifo nosso.

A postura da China, ainda que alinhada à da França e Rússia, tem um tom mais moderado em relação a estas. Ela se posiciona favorável à resolução 1441 e à preferência pela via diplomática, mas, diferentemente desses Estados, não adota um perfil tão crítico e questionador sobre as possíveis intencionalidades veladas dos Estados Unidos.

> Eles sublinharam que uma guerra somente exacerbaria a situação já tensa no Oriente Médio. A independência, a soberania e a integridade territorial do Iraque, Kuwait e outros países da região deveriam ser respeitadas. Essas visões e posições são muito importantes e nós concordamos com elas. Esperamos que o Conselho de Segurança as considere com seriedade. (Yishan, 2002)[35]

> Acreditamos que os inspetores das Nações Unidas devem retornar ao Iraque o mais rápido possível para que possam conduzir inspeções de modo independente, justo e profissional, e que possam reportar com sinceridade e em tempo ao Conselho de Segurança os resultados de tais inspeções, de forma que o Conselho possa estabelecer conclusões objetivas, justas e realistas. (Yishan, 2002)[36]

O Reino Unido, por sua vez, opta por uma postura de alinhamento aos Estados Unidos. Assim, apesar de declarar que a via preferencial de seu país é a diplomática, ele adota um tom mais severo com relação ao Iraque se comparado com o dos demais países mencionados há

||||||||||||

35 No original: "They have pointed out that war can only further exacerbate the already tense situation in the Middle East. The independence, sovereignty and territorial integrity of Iraq, Kuwait and other countries of the region should be respected. These views and positions are very important, and we agree with them. We hope that the Security Council will give them serious consideration".

36 No original: "We believe that the United Nations weapons inspectors should return to Iraq as soon as possible to conduct independent, fair and professional inspections and report truthfully and in a timely manner to the Council the results of such inspections, so that the Council can draw objective, fair and realistic conclusions on that basis".

pouco. Ele afirma que a garantia da exequibilidade dessa via é responsabilidade exclusiva do governo iraquiano. Portanto, segundo o Reino Unido, o CSNU deveria adotar uma conduta firme com relação a Bagdá, pois "quanto mais fraco nós aparentarmos ser coletivamente, mais provável será termos a ação militar como resultado"(Greenstock, 2002).[37] Ademais, sobre o regime de Saddam Hussein,

> não é como se Saddam Hussein não tivesse sido um problema por dez anos, mas, ao contrário, ele foi um problema ao longo dos últimos dez anos. O que mudou foi que, primeiramente, a política de contenção não está mais funcionando, principalmente sem uma considerável mudança na forma como o regime é monitorado e inspecionado; e, em segundo lugar, nós sabemos pelo 11 de Setembro que é prudente lidar com essas questões antes, e não depois. (Blair apud Greenstock, 2002)[38]

Com relação às críticas aos possíveis *hidden triggers* (gatilhos ocultos) e a um automatismo intervencionista na resolução 1441, o embaixador britânico declarou que, caso os relatórios da UNMOVIC e da AIEA afirmem que o Iraque não cooperou totalmente com as inspeções, o Reino Unido esperaria e desejaria que houvesse uma discussão no CSNU sobre como proceder nessa situação. Ele argumentou, ainda, que o parágrafo 12 dessa mesma resolução visava a solucionar essa desconfiança na medida em que nele se definia a convocação de uma reunião do Conselho caso algum relatório indicasse o não cumprimento dessa resolução e de resoluções anteriores pelo Iraque.

||||||||||||

37 No original: "The weaker we collectively appear, the more probable it is that military action will be the outcome".
38 No original: "it is not that for 10 years Saddam Hussein has not been a problem, he has been a problem throughout the last 10 years. What has changed is first, that the policy of containment isn't any longer working, certainly without a massive change in the way that the regime is monitored and inspected; and secondly, we know from 11 September that it is sensible to deal with these problems before, not after".

O comportamento da audiência quanto ao agente securitizador nesse primeiro estágio foi favorável. Mesmo com as críticas e com os receios sobre a deturpação unilateral da resolução 1441 para fins de justificar uma intervenção militar, sua aprovação pelo CSNU nos indica uma conclusão satisfatória desse primeiro momento securitizante, que é parte de um processo mais amplo da securitização. Como veremos mais adiante, a menção às resoluções 661 (1991), 678 (1991) e 687 (1991) e a adoção de um discurso que classifica aquela como a última chance para o governo iraquiano cooperar pacífica e espontaneamente com o CSNU, serão de extrema importância para a conformação do próximo estágio da securitização.

Assim, entendemos que, apesar de os Estados Unidos já sinalizarem de forma discreta seu apoio à ação militar, o momento intermediário de construção da resolução 1441 é importante por dois motivos: (i) a partir do processo de barganha para sua aprovação, os Estados Unidos e seus aliados conseguiram sentir quais as preferências e objetivos de sua audiência, de maneira a facilitar-lhes a elaboração de uma estratégia para conseguir, futuramente, seu convencimento no estágio seguinte dessa securitização; e (ii) a resolução 1441, por seu caráter vago e com abertura para margem de dúvidas, acabou servindo exatamente aos propósitos do agente securitizador em seus próximos passos.

Aprofundamento da escenificação

Passados sessenta dias do restabelecimento das missões da UNMOVIC e da AIEA, ambos os órgãos, de acordo com o parágrafo 5º da resolução 1441, deveriam repassar para o CSNU informações parciais sobre os avanços e problemas das inspeções.[39]

||||||||||||

39 Apesar dos relatórios não serem fruto da atuação direta do agente securitizador, acreditamos que uma noção geral sobre as informações neles veiculadas é de grande importância para o entendimento do processo de securitização. A partir dessas

De acordo com o chefe da UNMOVIC, o sueco Hans Blix, a cooperação do Iraque com a missão deveria ser analisada por dois aspectos: o do processo e o das questões mais substantivas relacionadas à busca por evidências. Quanto ao primeiro ponto, o relatório registrou que a cooperação iraquiana havia sido satisfatória, uma vez que a missão teve acesso a todos os locais que desejou inspecionar. Mas a avaliação do segundo ponto não foi tão positiva, pois, além da falta de esclarecimentos sobre algumas questões, havia também inconsistências nas informações fornecidas por Bagdá (CSNU, 2003a).

A resolução 1441, em seu parágrafo 3º, exigia ainda que o governo iraquiano oferecesse uma nova declaração sobre seus programas de ADMs, a qual foi entregue à missão da ONU dentro do prazo estipulado. Segundo Blix afirmou na reunião 4692 do CSNU (2003a), apesar de essa declaração ser, na verdade, uma reimpressão de documentos anteriores, ainda assim continha novo material sobre o período de 1998 em diante, um momento mais significativo para a UNMOVIC e para a AIEA, que corresponde ao hiato do regime de inspeções no Iraque.

No geral, algumas inconsistências e violações foram detectadas. No que tange às armas químicas e biológicas, o governo iraquiano afirmou ter destruído seus estoques de gás VX e de antraz espontaneamente após 1991; entretanto, até o momento do relatório parcial da UNMOVIC, a veracidade dessas afirmações não pôde

||||||||||||

informações será possível entender o comportamento do agente securitizador, avaliando suas possíveis intencionalidades, e da audiência nesse segundo estágio. Resgatando a discussão realizada no capítulo 1 sobre expansão das fronteiras originais da teoria de securitização, acreditamos que aqui os representantes das missões da UNMOVIC e da AIEA podem ser considerados como *semi*agentes (de)securitizadores - se como securitizadores ou desecuritizadores, fica a critério do analista, ainda que em nossa visão, apesar da pretensão de um discurso neutro, ambos Blix e ElBaradei, mas mais perceptível em relação ao segundo, adotam uma postura não favorável à intervenção militar.

ser confirmada, principalmente pela falta de documentos oficiais mais esclarecedores. Outra preocupação se relacionava à posse de mísseis com capacidade superior a 150 km por Bagdá, em que dois projetos foram inspecionados: os mísseis Al Samoud 2 e Al Fatah. Após alguns testes, verificou-se que o primeiro alcançava 183 km de distância, enquanto o segundo 161 km, de forma que ambos, a princípio, violariam a resolução 687 do CSNU. Foi reportado ao Conselho, ainda, um pequeno entrave na realização de entrevistas, pois os indivíduos que haviam sido convocados pela UNMOVIC exigiram durante elas a presença de um oficial iraquiano.[40] Depois de conversas com Bagdá, o lado iraquiano se comprometeu a encorajar todos os entrevistados a aceitarem entrevistas privadas (CSNU, 2003a).

O relatório parcial de ElBaradei, chefe da missão da AIEA no Iraque, foi mais favorável à posição iraquiana se comparado ao de Blix. Segundo o primeiro, no final de 1992 a AIEA já havia destruído ou desarmado uma larga quantidade de armamentos e instalações nucleares no Iraque, ao ponto de, em dezembro de 1998, acreditar não ter negligenciado nenhum componente significativo que pudesse ser utilizado em uma possível reconstrução do programa nuclear iraquiano. Ainda assim, nessa nova inspeção, a AIEA recolheu amostras de solo, rios, canais e lagos para verificar a existência de algum traço de material radioativo. No entanto, até o momento do relatório, nenhuma atividade nuclear proibida havia sido detectada.

À parte ao relatório, ElBaradei afirmou em sua declaração ao CSNU que as inspeções também tinham um caráter dissuasivo. Dessa forma, expôs que, ao longo do processo de inspeções, a presença, no

||||||||||

40 O receio da presença de oficiais iraquianos nas entrevistas se explicava pelas experiências passadas, notadamente no pós-Guerra do Golfo, pois se acreditava que eles poderiam coagir, ou ao menos influenciar negativamente, os entrevistados em suas respostas, fato que prejudicaria o andamento das inspeções.

Iraque, de agentes internacionais que investigavam possíveis violações poderia ser encarada pela comunidade internacional como uma
garantia de que Bagdá não retomaria, ao menos naquele momento, seu programa de ADMs. Como veremos mais adiante, esse argumento será incorporado pela audiência em sua reação ao segundo
estágio da securitização.

Esta breve explanação sobre o conteúdo dos relatórios parciais
da UNMOVIC e da AIEA é importante para a compreensão tanto do encaminhamento da securitização pelo agente securitizador,
nesse segundo estágio, quanto da reação da audiência a essa tentativa de convencimento.

Ao longo das reuniões 4701 (2003b), 4707 (2003c) e 4714
(2003d) do Conselho, podemos verificar que os Estados Unidos
orientaram seu discurso segundo dois eixos principais: o primeiro,
direcionado a desacreditar qualquer iniciativa de cooperação do Iraque e a minar a construção, ainda que incipiente, da confiança da
comunidade internacional na vontade do Iraque em se desarmar; e
o segundo, intimamente ligado ao anterior, pautava-se no convencimento da audiência de que a resolução 1441 não versaria sobre a
elaboração de um regime de inspeções *per se*, mas, sim, que seu foco
principal seria o desarmamento do Iraque. Nesse sentido, de acordo com os Estados Unidos, uma medida inicial para alcançar esse
objetivo teria sido o uso das inspeções – e, a partir do momento em
que o Conselho constatasse a falha desse método, outro deveria ser
implantado em seu lugar.

Colin Powell apresentou, então, ao CSNU uma série de novas
informações cujas fontes ele não poderia citar, mas que teriam bases
sólidas. Nas palavras dele:

> O material que eu apresentarei a vocês vem de uma variedade de fontes.
> Algumas são fontes norte-americanas e outras são provenientes de outros
> países. Algumas fontes são técnicas, como a interceptação de conversas te-
> lefônicas e fotos tiradas por satélites. Outras vêm de pessoas que arriscaram

suas vidas para fazer que o mundo saiba o que Saddam Hussein realmente pretende. (CSNU, 2003b)[41]

Nesse momento, havia uma tentativa de se valer de uma espécie de argumento de autoridade, na medida em que, pela construção discursiva, os Estados Unidos visavam deixar subentendida a lógica do "nós sabemos mais do que vocês, mas não podemos revelar tudo, então confiem então em nosso julgamento". Powell expõe perante o Conselho algumas imagens de satélites anteriores à entrada das agências de inspeção e que, segundo interpretações de especialistas, poderiam ser indicativas de retirada de materiais químicos e biológicos de algumas instalações já conhecidas pelos inspetores. Esse tipo de limpeza, segundo os Estados Unidos, ocorreu em mais de trinta instalações que, após a verificação dessa atividade incomum, voltaram a seu funcionamento normal (CSNU, 2003b).

Powell mostrou ao Conselho, ainda, gravações de alguns diálogos que também indicariam uma tentativa iraquiana de esconder seu arsenal de ADMs antes da chegada das inspeções ao país. Além dessas gravações, ele exibiu ainda algumas imagens obtidas por satélites que, segundo o representante norte-americano, após serem verificadas por especialistas, foram interpretadas como provas de que Saddam Hussein estaria movendo seu arsenal de ADMs por todo o Iraque para evitar que tais armas fossem encontradas pela missão da ONU. O representante norte-americano também acusa o Iraque de possuir unidades móveis de produção de armas químicas e bacteriológicas, as quais também teriam por objetivo dificultar o trabalho da ONU. Essas informações, de acordo com Powell,

||||||||||||

41 No original: "The material I will present to you comes from a variety of sources. Some are United States sources and some are those of other countries. Some of the sources are technical, such as intercepted telephone conversations and photos taken by satellites. Other sources are people who have risked their lives to let the world know what Saddam Hussain is really up to".

eram oriundas de fontes sólidas norte-americanas ou de outros países. Nessa tentativa de convencimento, Powell pede aos membros do CSNU que confiem no material apresentado pelos Estados Unidos e na sua avaliação sobre quais seriam as atitudes a serem tomadas.

> *Eu não posso contar a vocês tudo o que sabemos.* Mas o que posso compartilhar com vocês, quando combinado com tudo o que chegou a nosso conhecimento ao longo dos anos, é profundamente preocupante. O que vocês verão é uma acumulação de fatos e padrões de comportamento perturbadores. Os fatos e o comportamento iraquiano demonstram que Saddam Hussein e seu regime não têm feito nenhum esforço para se desarmar, como exigido pela comunidade internacional. Na verdade, os fatos e o comportamento iraquiano mostram que Saddam Hussein e seu regime estão ocultando seus esforços para produzir mais armas de destruição em massa. (CSNU, 2003b)[42]

Seguindo a lógica da acusação de que o Iraque estaria adotando um sistema para ocultar suas ADMs das inspeções, Powell declara que o Conselho não poderia permitir que Bagdá transferisse para os inspetores a responsabilidade de apresentar provas de seu cumprimento das resoluções do CSNU (CSNU, 2003d).

Para intensificar ainda mais o cenário já catastrófico, Powell relaciona o Iraque com o terrorismo e, principalmente, com a Al Qaeda. Além de declarar que um regime como o de Saddam Hussein seria capaz de fornecer ADMs em massa para redes terroristas pelo simples fato de partilharem o ódio aos Estados Unidos, ele assegura também

||||||||||||

42 No original: "I cannot tell you everything that we know. But what I can share with you, when combined with what all of us have learned over the years, is deeply troubling. What you will see is an accumulation of facts and disturbing patterns of behaviour. The facts and Iraq's behaviour demonstrate that Saddam Hussain and his regime have made no effort to disarm as required by the international community. Indeed, the facts and Iraq's behaviour show that Saddam Hussain and his regime are concealing their efforts to produce more weapons of mass destruction". Grifos nossos.

que o regime iraquiano já havia oferecido treinamento em armas quí-micas e biológicas a membros da Al Qaeda (CSNU, 2003b).

Após o reforço na escenificação do caso iraquiano nesse segundo estágio do movimento de securitização, e para sustentar a necessi-dade de outras medidas que não o aumento das inspeções, os Esta-dos Unidos afirmaram que as iniciativas do Iraque não poderiam ser consideradas indicativas de uma cooperação imediata e espontânea, uma vez que só ocorreram por meio da ameaça do uso da força pela comunidade internacional. Dessa forma, sustentavam o argumento de que as exigências da resolução 1441 não haviam sido cumpridas pelo Iraque e que o país havia falhado no teste de confiança repre-sentado pelas inspeções.

O parágrafo operativo número quatro da resolução 1441 (2002), sobre o qual nos debruçamos longamente no outono passado, estabelece clara-mente que "falsas enunciações ou omissões" na declaração e a "falha do Iraque, em qualquer momento, em aceitar e cooperar inteiramente com a implementação dessa resolução, ela constituirá" – e os fatos falam por si sós – "uma quebra, pelo Iraque, de suas obrigações". Nós escrevemos isso dessa forma para oferecer um teste preliminar ao Iraque – eles dariam uma declaração honesta e uma indicação de voluntariedade para cooperar com os inspetores? Isso foi planejado para ser um teste preliminar. Eles falha-ram nesse teste. (CSNU, 2003b)[43]

||||||||||||

43 No original: "Operative paragraph 4 of resolution 1441 (2002), which we lingered over so long last fall, clearly states that 'false statements or omissions' in the declaration and a 'failure by Iraq at any time to comply with, and cooperate fully in the implementation of, this resolution shall constitute' – and the facts speak for themselves – 'a further material breach of Iraq's obligations'. We wrote it this way to give Iraq an early test – would they give an honest declaration, and would they early on indicate a willingness to cooperate with the inspectors? It was designed to be an early test. They failed that test".

Comportamento da audiência – estágio II

Uma vez apresentado o comportamento do agente securitizador nesse segundo estágio da securitização e a reação da audiência à tentativa de convencimento empregada pelo agente, poderemos agora conferir se o processo de securitização de fato se concluirá.[44]

Seguindo o padrão de comportamento adotado durante o estágio I, a França continuou a se posicionar negativamente acerca do emprego da força contra o Iraque, pois ela acreditava que o método de inspeções ainda não havia sido totalmente esgotado. Villepin, representante francês no Conselho, declarou também que seu país não descartava totalmente a possibilidade do uso da força. No entanto, a partir da opinião dos inspetores de que o Iraque representava à época menos perigo do que em 1991, e do fato de que alguns progressos haviam sido alcançados com o regime de inspeções, ele declarou que não havia uma justificativa para abandonar o uso das vias políticas e diplomáticas no desarmamento do Iraque e recorrer à ação militar (CSNU, 2003d).

O francês afirmou, ainda, que um recurso prematuro à guerra poderia levantar diversas questões: (i) poria em risco a unidade e, consequentemente, a autoridade da comunidade internacional, representada pelo CSNU; (ii) no médio-longo prazo, anularia, ou ao menos reduziria, a legitimidade e a efetividade do CSNU e da ONU na resolução de questões internacionais; (iii) traria consequências para a já frágil estabilidade da região; (iv) geraria um senso de injustiça não só com relação aos iraquianos, mas também com os nacionais de países vizinhos, agravando as tensões e delineando uma conjuntura propícia para futuros conflitos (CSNU, 2003c). Sobre a

||||||||||||

44 Como discutido em capítulo anterior, segundo a teoria de securitização o movimento securitizante só se conclui, estritamente, através da aceitação da audiência. Veremos mais à frente neste capítulo, entretanto, que nem sempre uma negativa da audiência se traduzirá em interrupção da securitização. Ela, ainda assim, pode conseguir se concretizar.

pressão imposta principalmente pelos Estados Unidos para a autorização de uma intervenção militar no Iraque, afirmou ele que

> A agenda militar não pode ditar o calendário das inspeções. Nós con-
> cordamos em acelerar o cronograma, *mas não podemos aceitar um ultimato*
> *enquanto os inspetores estiverem reportando progressos nos termos da cooperação.*
> Isso significaria guerra. Isso levaria ao despojamento das responsabilidades
> do Conselho de Segurança. *Ao impor um prazo final de poucos dias, não es-*
> *taríamos meramente procurando um pretexto para a guerra?* (CSNU, 2003d)[45]

A Rússia também manteve seu posicionamento alinhado ao da
França. Ela aproveitou as novas informações oferecidas pelos Estados Unidos ao Conselho de Segurança para inverter a lógica do
argumento norte-americano. Em vez de concordar com uma intervenção, a Rússia afirmou que tais novas informações eram, justamente, um indicativo da necessidade de manter as inspeções, pois só
elas poderiam afirmar em que medida o Iraque estaria cooperando
com as agências, de forma ajudar o CSNU a tomar decisões equili-
bradas (CSNU, 2003b).

Sobre a afirmativa norte-americana de que o tempo para ação do
Conselho estaria se esgotando e que, portanto, o regime de inspeções deveria ser abandonado, o representante russo alegou que a resolução 1441, apesar de buscar alcançar resultados práticos em um
curto período, não estipulava um prazo-limite para a aquisição de
tais resultados. Ele apontou ainda que, na verdade, eram os inspetores que possuíam capacidade de orientar o CSNU sobre o tempo

|||||||||||

45   No original: "The military agenda must not dictate the calendar of inspections. We
     agree to accelerated timetables, but we cannot accept an ultimatum as long as the
     inspectors are reporting progress in terms of cooperation. That would mean war.
     That would lead to the Security Council's being stripped of its responsibilities. By
     imposing a deadline of a few days, would we merely be seeking a pretext for war?".
     Grifos nossos.

necessário para a ação, não cabendo a países específicos estipular o esgotamento do regime de inspeções. Nas palavras de Igor Ivanov, representante russo no CSNU,

> O que é de fato o interesse genuíno da comunidade internacional: continuar com o difícil, mas claramente proveitoso, resultado do trabalho dos inspetores, ou recorrer ao uso da força, o qual irá inevitavelmente resultar em grande perda de vidas e será marcado por sérias e imprevisíveis consequências para a estabilidade regional e internacional? *Temos uma profunda convicção de que existem possibilidades políticas para desarmar o Iraque.* Elas realmente existem, e isso não pode deixar de ser reconhecido. O que nós precisamos agora não são de novas resoluções do Conselho de Segurança; nós já temos bastante delas. Nós precisamos agora oferecer ativamente apoio aos inspetores na execução de suas tarefas. (CSNU, 2003d)[46]

A reação da China também seguiu os parâmetros observados no estágio I. Apesar de se manter alinhada aos outros dois países dos *permanent five* (cinco permanentes), sua postura não chegou a ser tão combativa com relação aos Estados Unidos se comparada com as da França e da Rússia. Ainda assim, a representação chinesa declarou que as agências não estavam ainda em condições de estabelecer conclusões definitivas, pois, para tanto, era necessário mais tempo, e que, dessa forma, todo o Conselho deveria respeitar a opinião dos respectivos chefes da UNMOVIC e da AIEA, Blix e ElBaradei, apoiando a continuação das inspeções. A representação chinesa destacou

||||||||||

46 No original: "What is really in the genuine interest of the world community – continuing the albeit difficult but clearly fruitful results of the inspectors' work or resorting to the use of force, which will inevitably result in enormous loss of life and which is fraught with serious and unpredictable consequences for regional and international stability? It is our deep conviction that the possibilities for disarming Iraq through political means do exist. They really exist, and that cannot but be acknowledged. What we need now is not new Security Council resolutions; we have enough of those. We now need active support for the inspectors to carry out their tasks". Grifos nossos.

também que o importante naquele momento era cumprir com a resolução 1441, de maneira que qualquer outro passo deveria ser decidido de forma conjunta e por meio do diálogo entre os membros do CSNU (CSNU, 2003b).

> É o interesse universal da comunidade internacional ver um arranjo político para a questão do Iraque, dentro dos parâmetros das Nações Unidas, e *evitar a guerra*. Isso é algo a que o Conselho de Segurança deve dar a devida importância. Enquanto houver a mínima esperança de um arranjo político, nós devemos empregar todos os nossos esforços para alcançá-lo. A China está preparada para se unir aos países que estão trabalhando nessa direção [...]. Sob as atuais circunstâncias, não há nenhuma razão para fechar as portas da paz. Dessa forma, *nós não somos a favor de uma nova resolução, principalmente uma que autorize o uso da força*. (CSNU, 2003d)[47]

O Reino Unido se manteve ajustado ao posicionamento norte-americano, seguindo a lógica de que o Iraque havia falhado no teste concedido pelo CSNU com a resolução 1441, uma vez que não havia cooperado de maneira imediata e incondicional com as agências. Dessa forma, os britânicos declararam que, com o padrão de comportamento apresentado por Bagdá, os inspetores jamais poderiam ter certeza de que encontraram todas as ADMs e seus respectivos registros. Afirmaram, ainda, que o Reino Unido não queria realizar uma guerra, mas, devido às atitudes iraquianas, o CSNU deveria

---

||||||||||||

47 No original: "it is the universal desire of the international community to see a political settlement to the issue of Iraq, within the United Nations framework, and to avoid war. This is something to which the Security Council must attach due importance. As long as there is still the slightest hope for a political settlement, we should exert our utmost efforts to achieving it. China is ready to join others in working in this direction [...]. Under the current circumstances, there is no reason to shut the door to peace. Therefore, we are not in favour of a new resolution, particularly one authorizing the use of force". Grifos nossos.

assumir suas responsabilidades e atuar de maneira mais contundente com relação a Saddam (CSNU, 2003b). Nas palavras deles:

> Mas eu também digo isto: em nossos esforços para garantir uma con-
> clusão pacífica para essa crise, como se deve fazer, eu sei, e acredito que
> todos os demais aqui saibam, que nós alcançamos esse estágio fazendo
> apenas o que a Carta das Nações Unidas demanda de nós, que é susten-
> tar um processo diplomático com uma ameaça crível do uso da força e
> também, *se necessário, estar preparado para usar essa força. Se nós nos afas-*
> *tarmos disso* – se nós decidirmos dar tempo ilimitado para uma peque-
> na ou quase inexistente cooperação substantiva –, *então o desarmamento*
> *do Iraque* e a paz e a segurança da comunidade internacional, pela qual
> somos responsáveis, *não será mais fácil de se obter, mas sim muito mais difí-*
> *cil.* (CSNU, 2003c)[48]

Conclusão do movimento securitizante

Apesar da discordância entre os Estados Unidos e a maioria dos membros do CSNU, aquele país desprezou a negativa do Conselho à realização de uma ação militar e recomendou que o pessoal da UNMOVIC e da AIEA em campo fosse retirado do Iraque, pois assim iriam realizar a intervenção de qualquer forma. A entrada de uma coalizão entre os Estados Unidos e o Reino Unido no Iraque foi justificada, ainda que não satisfatoriamente, por uma brecha jurídi-ca. Ao retomarem as resoluções 661 (1991), 678 (1991) e 687 (1991)

|||||||||||

48 No original: "But I also say this: in our efforts to secure a peaceful conclusion to this
     crisis, as we must, I know, and I think everybody else here knows, that we have rea-
     ched this stage only by doing what the United Nations Charter requires of us, which
     is to back a diplomatic process with a credible threat of force and also, if necessary,
     to be ready to use that threat of force. If we back away from that – if we decide to gi-
     ve unlimited time for little or no cooperation on substance – then the disarmament
     of Iraq and the peace and security of the international community, for which we are
     responsible, will get not easier, but very much harder". Grifos nossos.

nas cláusulas preambulares da resolução 1441 (2002), o CSNU haveria, supostamente, aberto um respaldo jurídico para a ação militar. O argumento se delineou da seguinte forma: apesar de a resolução 687 ter estabelecido formalmente o cessar-fogo entre o Iraque, o Kuwait e os membros do CSNU, a resolução 678, anterior à 687, autorizava os Estados Unidos e demais Estados-membros a "utilizarem todos os meios necessários para garantir e implementar a resolução 660 (1990) e *todas as subsequentes resoluções relevantes e restaurar a paz e a segurança na área*".[49] Segundo a interpretação norte-americana de que o Iraque possuía ADMs e, portanto, oferecia risco à estabilidade da região, a ação militar seria legítima.

Pelo entendimento do caráter emergencial dessa ameaça, os Estados Unidos vão agir independentemente da opinião dos demais países do CSNU e da recusa destes em aprovar uma *draft resolution* (esboço de resolução) que autorizasse o uso da força. A busca por uma anuência do Conselho para a intervenção foi apenas uma tentativa de alcançar os interesses norte-americanos revestidos de uma capa de legitimidade internacional, no delineamento de um *first best scenario* (primeiro melhor cenário). Entretanto, caso não fosse possível alcançá-lo, como não o foi na questão iraquiana, os Estados Unidos se reservariam o direito de agir unilateralmente e de passar por cima das restrições impostas pelas instituições internacionais. Nesse sentido, diferentemente do que propõe a teoria da EC, o movimento de securitização do Iraque foi concluído independentemente da aceitação de sua audiência externa.

||||||||||||

49　No original: "to use all necessary means to uphold and implement resolution 660 (1990) and all subsequent relevant resolutions and to restore international peace and security in the area". Grifos da CSNU. Resolução 678. Disponível em: <http://www.un.org/ga/search/view_doc.asp?symbol=S/RES/678(1990)>. Acesso em: 27 mar. 2018.

4. CONSIDERAÇÕES FINAIS

A insinceridade é a grande inimiga da linguagem clara. Quando há um abismo entre nossos objetivos declarados e os reais, quase instintivamente apelamos para palavras longas e expressões gastas, como uma sépia que esguicha tinta. Em nossa época, não existe algo como "ficar fora da política". Todas as questões são políticas e a própria política é uma massa de mentiras, evasivas, loucura, ódio e esquizofrenia. Quando a atmosfera geral é ruim, a linguagem sofre.

George Orwell, *A política e a língua inglesa*

Ao fim desta discussão que propusemos com esta obra, podemos observar, primeiramente, que os limites teórico-conceituais e explicativos da teoria de securitização se tornam mais evidentes quando ela é considerada à luz de casos empíricos. Com relação à audiência interna norte-americana, considerada no capítulo 3, nossa maior dificuldade foi de identificar e atribuir papéis específicos a cada ator envolvido ao longo do movimento securitizante que culminou na guerra do Iraque. Nesse âmbito, atores como a mídia e a opinião pública poderiam, a depender do viés do analista e dos objetivos almejados com a avaliação empírica, atuar tanto como (semi)agentes securitizadores quanto como (semi)audiências. Ainda que esses atores não tenham capacidade de efetivamente deliberar sobre a autorização do uso da força, sua interseção com os centros domésticos tomadores de decisão também seria uma variável importante a ser contemplada pela EC para uma compreensão holística do movimento securitizante. Recorrer a uma metodologia mais estática para a análise do processo decisório interno de securitização foi a saída que encontramos, ainda que não totalmente satisfatória, para estabelecer os papéis a serem desempenhados pelos atores e possibilitar uma apresentação, mesmo que superficial, do movimento de securitização.

Embora não tenha sido possível perscrutar em detalhes esse movimento específico, a avaliação empírica da teoria de securitização nesse *locus* nos possibilitou certas reflexões e confirmou também algumas percepções sobre ela que eram anteriores a este teste. A securitização pretende expandir as fronteiras do campo sem cair na armadilha de que tudo é um problema de segurança. Nesse sentido, ao fixar a forma da segurança em um ato de fala securitizante, a EC afirma ser capaz de considerar novos atores e setores sem se tornar abrangente em demasia. No entanto, por entender a securitização como um processo que culmina na adoção de medidas emergenciais e excepcionais, ela acaba se voltando para uma interpretação conservadora da relação entre política e segurança. Ao contrário do que ela originalmente se propõe a fazer, pensar além do setor militar e do ator estatal como não o fazem as teorias *mainstream*, a EC, por causa de seu *framework* e de sua avaliação da política, analisa melhor questões que permeiam o debate tradicional da segurança; ou seja, a sua aplicabilidade teórica é mais precisa e tem maior valor explicativo quando a temática considerada se situa no âmbito das relações interestatais e da mobilização militar.

Essa característica da teoria, entendida aqui como uma limitação, se evidencia na comparação entre os testes empíricos realizados nos capítulos 2 e 3. A possibilidade de explorar em detalhes a securitização externa do caso iraquiano, a nosso ver, só foi possível em razão de um melhor enquadramento da teoria nesse *locus*, na medida em que o processo de barganha realizado entre os atores ao longo do movimento é estabelecido de entidades soberanas para entidades soberanas.

Como indicado no primeiro capítulo, não compartilhamos da visão, por vezes associada à EC, da linguagem como único e exclusivo fator desencadeante da securitização, pois acreditamos que ela se associa a uma série de outros fatores – tais como a capacidade performativa dos agentes, o posicionamento histórico, geopolítico e intelectual do(s) agente(s) securitizador(es) e da audiência(s), e o contexto em que eles estão imbuídos – para pôr em ação esse processo. De acordo com nossa perspectiva, somente se a EC considerasse também essas outras variáveis corresponsáveis pelo desencadeamento de ações provenientes do ato de fala é que poderíamos lhe atribuir um real caráter intersubjetivo.

Nesse sentido, diferentemente da imagem conferida ao movimento securitizante ao se considerar apenas o ato de fala – a imagem de um processo cuja natureza acaba sendo unidirecional –, entendemos que ele, na verdade, se conforma em um processo que percorre diversos caminhos nas idas e vindas entre agente(s) securitizador(es) e audiência(s). Nele, a imagem verificável é de um movimento em rede em que suas variáveis são mutuamente constituídas e se desenvolvem simultaneamente. Como o entendimento do *speech act* proposto pela EC nos direciona para uma visão de via de mão única da securitização, em que o discurso securitizador parte de um agente em direção à audiência, buscando sua aceitação, a aplicação da teoria em processos de barganha interestatais é mais intuitiva e mais clara, já que os agentes e os foros de debate político são facilmente identificáveis.

Como destacado anteriormente, no ambiente doméstico, entretanto, o processo decisório é mais complexo: ele é permeado por atores com capacidades diferentes e que podem desempenhar, ao mesmo tempo, papéis múltiplos no movimento securitizante. Para que a teoria de securitização seja capaz de abarcar com clareza a consideração doméstica de questões referentes ao campo da segurança, seu arcabouço teórico carece de expansão e refinamento.

Quanto à avaliação empírica no âmbito internacional, mesmo sendo possível perscrutar a securitização, ainda que para isso, como proposta didática, tivéssemos de dividir o processo em duas etapas, enfrentamos outro questionamento: a securitização de fato se concretiza com a aceitação pela audiência? Se sim, nossa avaliação do movimento securitizante com relação ao Conselho de Segurança da ONU seria a de que este não se concretizou, embora a ação militar tenha sido deflagrada. Dessa forma, para fins desta análise, é interessante deslocar o referencial da conclusão do movimento securitizante. Em vez de ele ser identificado na resposta afirmativa da audiência, propomos que ele seja entendido como derivado do estabelecimento de medidas emergenciais e de exceção.

Ademais, tendo identificado na teoria da EC a falta de uma contextualização, buscamos em nossa análise suprir esse limite da teoria, sempre situando o discurso e o movimento securitizante geopolítica e historicamente. Assim, na inter-relação proposta neste livro entre a teoria de securitização e a temática da intervenção no Iraque, é possível afirmar que o terrorismo e o excepcionalismo internacionalista neoconservador *adjetivaram* o Iraque. As engrenagens da securitização interna e externa só puderam ser postas em funcionamento em razão de um contexto prévio que lhes serviu de alicerce. Ainda que partilhemos da visão de que o discurso pode servir de gatilho iniciador da securitização, além de sua enunciação ter força para fazer uma questão emergir como referente ao campo da segurança e para produzir novos contextos, avaliamos também que, para a emergência desse *start point* securitizante alcançar alguma reverberação, é necessário que ele esteja relacionado a um conjunto de disposições que formam tanto percepções de (in)segurança quanto comportamentos dos agentes.

No primeiro caso empírico considerado, os neoconservadores, ao exacerbarem um sentimento de superioridade norte-americano, concionaram o Iraque como uma ameaça. Eles se valeram de um momento trágico para veicular a ideia de que os ataques terroristas haviam sido consequência de uma atuação norte-americana pouco assertiva no pós-Guerra Fria. Dessa forma, um contexto propício a radicalizações à direita permitiu que a proposta neoconservadora de ação externa ganhasse força e se inserisse, no núcleo duro de tomada de decisões dos Estados Unidos, de maneira tão intensa que suplantou e marginalizou opiniões divergentes dentro do governo Bush filho. Embora as administrações anteriores também se pautassem pela lógica do excepcionalismo, na medida em que o próprio conceito de *americanidade* se vincula intimamente a esse valor, essa narrativa ganhou novos contornos a partir da perspectiva neoconservadora.

Somado ao excepcionalismo, os neoconservadores propunham o emprego de um internacionalismo extremado, em que, mesmo sem descartar completamente os recursos diplomáticos, normalmente o associavam ao uso da força e à descrença no papel das instituições. Acorrentar os Estados Unidos seria o mesmo que decretar a falência da estabilidade internacional. Submetê-los às mesmas regras internacionais significava impedi-los de perseguirem seus interesses, os quais, em sua visão, são também interesses globais. A partir desse excepcionalismo internacionalista, o império benevolente deveria combinar o poder simbólico dos valores liberais-democráticos com o poder do braço armado norte-americano, de modo a criar uma ordem que lhe fosse favorável. Para os neoconservadores, um império de proporções e pretensões globais precisava (e ainda precisa) ser onipresente e onisciente; ser ao mesmo tempo temido e respeitado, mais por sua capacidade de aniquilamento que por sua habilidade diplomática. Para além de um "wilsonianismo com dentes", o neoconservadorismo seria uma releitura da política das cenouras e do porrete, porém com um verniz de valorização das virtudes republicanas e de adoção de uma proposta moralizante externa e internamente.

Nesse sentido, o trauma gerado pelos ataques do 11 de Setembro atuou como uma carta branca para a deliberação de quaisquer medidas que trouxessem uma (pretensa) sensação de segurança e um sentimento de vingança para seus nacionais. A ânsia pelo "não de novo" (*not again*), tantas vezes mencionado pelo presidente Bush filho em seus discursos, possibilitou uma preponderante aceitação acrítica tanto de medidas internas limitadoras das liberdades individuais – como o conjunto de medidas que conformou o Ato Patriota – quanto de guerras cuja efetividade política no combate ao terrorismo é contestável, sobretudo no caso iraquiano. A maior potência do sistema internacional, encampando as ideias e as pretensões geopolíticas de um grupo intelectual, espetacularizou a oposição ao terrorismo, preferindo o imediatismo das demonstrações de supremacia militar, de proporções midiáticas, ao planejamento a médio e longo prazos de reforços nas agências de inteligência nacionais e internacionais.

No contexto externo, os países europeus, representados no Conselho de Segurança por França e Rússia, como membros permanentes, tinham certo receio com relação ao posicionamento assertivo dos Estados Unidos e ao tipo de ordem internacional que esse país pretendia construir depois do fim da Guerra Fria e, principalmente, após os atentados terroristas. A preocupação daqueles países era (e em certa medida ainda é) justamente a confirmação de um comportamento norte-americano como o proposto pelos neoconservadores em seus discursos de crítica à postura europeia ante o caso iraquiano – um comportamento que relega a Europa a segundo plano nas decisões internacionais e, ainda mais preocupante, que ignora seu veto, principalmente em assuntos de segurança, sob o suposto argumento altruísta de proteção da comunidade internacional.

Quanto ao aspecto regional da intervenção, a maioria dos países europeus não só temia uma crise humanitária no Iraque e nos arredores desse país, devido ao possível embate entre curdos, sunitas e xiitas, com transbordamento do conflito e de refugiados para aquele entorno, como também receava um fortalecimento do Irã na região, sem o contrabalanço exercido pelo Iraque. Apesar de, no capítulo 3, termos delimitado a audiência aos cinco membros permanentes do Conselho de Segurança, a presença dos países da comunidade árabe é significativa nas reuniões do Conselho que deliberaram sobre a possibilidade de uma ação militar. Nas transcrições analisadas, a crítica e o temor recorrentes desses países se dirigiam a Israel – crítica à inação da comunidade internacional e à hipocrisia norte-americana com relação a um ator que viola constantemente os tratados internacionais, em especial os de demarcação territorial, e temor quanto a seu possível fortalecimento na região.

Se, objetivamente, a intervenção no Iraque não produziu vencedores, subjetivamente a divisão entre vitoriosos e derrotados ficou demarcada. No cômputo geral, venceu a arbitrariedade, a violência e a imposição da democracia de acordo com uma lógica pasteurizante e eliminadora das diferenças. Saíram derrotados o direito internacional, a autodeterminação dos povos, o direito humanitário e, principalmente, os iraquianos, em seu direito à vida e a um país não devastado pelas sanções draconianas e pelos bombardeios a esmo. A desestabilização sofrida pelos Estados Unidos não pode ser traduzida como derrota; pelo menos não ainda e se comparada com a situação iraquiana.

O analista que, com o olhar de hoje, se volta à construção da securitização do caso iraquiano tem, inegavelmente, o benefício de averiguar o movimento securitizante em uma conjuntura *ex post facto*. Tal posição lhe confere a certeza, que não havia na época, da inexistência de AMDs no Iraque. Entretanto, ao nos posicionarmos criticamente à ação norte-americana e ao revelarmos suas intencionalidades com os discursos no CSNU e com o arcabouço intelectual neoconservador que lhe serviu de base, não pretendemos empregar uma visão ingênua sobre o regime iraquiano e negarmos que havia de fato a possibilidade de posse de AMDs por Bagdá. Uma das nossas pretensões com este trabalho foi, dentro dos processos de sincronia e diacronia desse movimento securitizante, mostrar o comportamento do(s) agente(s) securitizador(es) e da(s) audiência(s) com relação à construção da necessidade de se lidar com o Iraque pela via da excepcionalidade. Devido à negativa da audiência acerca dessa necessidade, deixamos em aberto, como provocação para futuros debates, o questionamento acerca da efetividade das instituições frente a entes (ou ao ente, se considerarmos a existência de uma unipolaridade no sistema internacional) que detêm capacidade de impor sua vontade, independentemente da vontade dos demais países.

Uma segunda pretensão desta obra foi esmiuçar em detalhes a proposta teórica da EC, trabalhando tanto com suas contribuições quanto com a identificação de seus limites. Embora ela avance no debate sobre considerações subjetivas e imateriais da segurança, algumas de suas propostas para o arcabouço da teoria de securitização nos indicam uma estagnação no debate tradicionalista que permeia a área. Nesse sentido, por desconsiderar ou subteorizar diversos elementos importantes para a construção do movimento de securitização, é possível questionar se a teoria proposta por Copenhague é de fato sustentável do ponto de vista sociológico.

Após a consideração de novas variáveis e a problematização das já existentes, surge um outro questionamento: seria possível considerar que o que foi proposto consiste apenas de um adensamento da teoria de securitização, ou ao contrário, que essa expansão teria extrapolado os limites da EC, de forma a construir um novo arcabouço teórico? Apesar de considerarmos tais indagações de grande importância, deixamo-las em aberto como provocações necessárias para a continuação das reflexões e do debate sobre a teoria de securitização e sua capacidade explicativa.

Após analisar esse excepcionalismo internacionalista norte-americano revelado ao longo das intervenções reativas ao 11 de Setembro, mas principalmente no caso iraquiano, percebemos que a ênfase dada pela EC à transformação de algo para o campo da excepcionalidade acaba servindo aos interesses daquele que enuncia a fala securitizadora, sobretudo quando esse ator possui capacidade suficiente para superar qualquer resposta dada pela audiência. Ou, ainda, no caso específico desta obra, parece-nos que o movimento de securitização se apresentou apenas como um verniz de legitimidade e legalidade para ações pautadas na exceção que atendiam aos interesses conjunturais do agente securitizador, no caso os Estados Unidos.

REFERÊNCIAS BIBLIOGRÁFICAS

AGAMBEN, Giorgio. *Estado de exceção*. São Paulo: Boitempo, 2004.

ARADAU, Claudia. Security and the democratic scene: desecuritization and emancipation. *Journal of International Relations and Development*, v.7, p.388-413, 2004.

_____. Limits of security, limits of politics? A response. *Journal of International Relations and Development*, n.9, p.81-90, 2006.

AUSTIN, J. L. *How to Do Things with Words*. Oxford: Oxford University Press, 1962.

BACEVICH, Andrew J. *The Long War*: A New History of U.S. National Security Policy Since World War II. Nova York: Columbia University Press, 2007.

BALZACQ, Thierry (Org.). *Securitization Theory:* How Security Problems Emerge and Dissolve. Nova York: Routledge, 2011, p. 1-30.

_____. The three faces of securitization: political agency, audience and context. *European Journal of International Relations*, v.11, p. 171-203. 2005.

_____; BASARAN, Tugba; BIGO, Didier; GUITTET, Emmanuel-Pierre; OLSSON, Christian. Security Practices. In: DENEMARK, R. A. *International Studies Encyclopedia*. Nova Jersey: Blackwell Publishing, 2010.

BECK, Ulrich. *La sociedad de riesgo mundial*: en busca de la seguridad perdida. Barcelona: Paidós, 2007.

BIGO, Didier. Pierre Bourdieu and international relations: power of practice and practice of power. *International Political Sociology*, v.5, n.3, p.225-58, 2011.

BOURDIEU, Pierre. Dois imperialismos do universal. In: LINS, D.; WACQUANT, L. (Orgs.). *Repensar os Estados Unidos*: por uma sociologia do superpoder. Campinas (SP): Papirus, 2003.

BOYER, Peter J. The believer: Paul Wolfowitz defends his war. *The New Yorker*, 1º nov. 2004.

BRIGHT, Jonathan. Securitisation, terror, and control: towards a theory of the breaking point. *Review of International Studies*, v. 38, n.4, p.861-79, 2012.

BROWN, Sarah. *Sanctioning Saddam*: The Politics of Intervention in Iraq. Nova York: I.B. Tauris, 1999.

BUSH, George. *Address Before a Joint Session of the Congress on the State of the Union*. Washington, 31 jan. 1990. The White House. Disponível em: <http://www.presidency.ucsb.edu/ws/index.php?pid=64731&st=qaida&st1>. Acesso em: 15 maio 2013.

BUSH, George W. *Address to the Nation on the Terrorist Attacks*. Washington, 11 set. 2001a. The White House. Disponível em: <http://www.presidency.ucsb.edu/ws/index.php?pid=58057&st=&st1=>. Acesso em: 14 nov. 2013.

_____. *Address Before a Joint Session of the Congress on the United States Response to the Terrorist Attacks of September 11*. Washington, 20 set. 2001b. The White House. Disponível em: <http://www.presidency.ucsb.edu/ws/index.php?pid=64731&st=terrorism&st1=>. Acesso em: 14 nov. 2013.

_____. *Address to the Nation Announcing Strikes Against Al Qaida Training Camps and Taliban Military Installations in Afghanistan*. Washington, 7 out. 2001c. The White House. Disponível em: <http://www.presidency.ucsb.edu/ws/index.php?pid=65088&st=terrorism&st1=>. Acesso em: 14 nov. 2013.

_____. *Address Before a Joint Session of the Congress on the State of the Union*. Washington, 29 jan. 2002a. The White House. Disponível em: <http://

www.presidency.ucsb.edu/ws/index.php?pid=29644&st=iraq&st1=>.
Acesso em: 14 nov. 2013.

_____. *Address to the United Nations General Assembly in New York City*.
Nova York, 12 set. 2002b. Disponível em: <http://www.presidency.
ucsb.edu/ws/index.php?pid=64069&st=iraq&st1=>. Acesso em: 15
maio 2013.

_____. *Remarks Following a Meeting with Congressional Leaders*. Washington, 26 set. 2002c. The White House. Disponível em: <http://www.presidency.ucsb.edu/ws/index.php?pid=62814&st=iraq&st1=congress>.
Acesso em: 14 nov. 2013.

_____. *Address to the Nation on Iraq From Cincinnati*. Cincinnati, 7 out.
2002d. The White House. Disponível em: <http://www.presidency.
ucsb.edu/ws/index.php?pid=73139&st=terrorism&st1=>. Acesso em:
15 maio 2013.

_____. *Statement on Signing the Authorization for Use of Military Force
Against Iraq Resolution of 2002*. Washington, 16 out. 2002e. The White House. Disponível em: <http://www.presidency.ucsb.edu/ws/index.
php?pid=64386&st=iraq&st1=>. Acesso em: 14 nov. 2013.

_____. *Address to the Nation on the War on Terror*. Washington, 7 set. 2003a.
The White House. Disponível em: <http://www.presidency.ucsb.edu/
ws/index.php?pid=64561&st=terrorism&st1=>. Acesso em: 14 nov.
2013.

_____. *Commencement Address at the United States Air Force Academy in Colorado Springs*. Colorado, 2 jun. 2004a. The White House. Disponível em: <http://www.presidency.ucsb.edu/ws/index.
php?pid=72640&st=secure&st1=>. Acesso em: 14 nov. 2013.

BUZAN, Barry. *The War on Terrorism as the New Macro-Securitization*. Trabalho apresentado no Oslo workshop, Oslo, 2 a 4 fev. 2006.

_____; HANSEN, Lene. *A evolução dos estudos de segurança*. São Paulo:
Editora Unesp, 2012.

BUZAN, Barry; WÆVER, Ole. Macrosecuritisation and security constellations: reconsidering scale in securitisation theory. *Review of International Studies*, v.35, p.253-76. 2009.

BUZAN, Barry; WÆVER, Ole; WILDE, Jaap de. *Security*: A New Framework for Analysis. Boulder e Londres: Lynne Rienner Publishers, 1998.

CHEKEL, J. The Constructivist Turn in International Relations. *World Politics*, v.50, n.3. p.324-48, 1998.

CIMBALA, Stephen J.; SARKESIAN, Sam Charles; WILLIAMS, John Allen. *US National Security*: Policymakers, Process & Politics. Boulder: Lynne Rienner, 2007.

CSNU. *Resolução 678*. Disponível em: <http://www.un.org/ga/search/view_doc.asp?symbol=S/RES/678(1990)>. Acesso em: 15 maio 2013.

_____. *Resolução 1368*. Disponível em: <http://www.un.org/ga/search/view_doc.asp?symbol=S/RES/1368(2001)>. Acesso em: 15 maio 2013.

_____. *Resolução 1373* (2001a). Disponível em <http://www.un.org/ga/search/view_doc.asp?symbol=S/RES/1373(2001)>. Acesso em: 15 maio 2013.

_____. *Resolução 1386* (2001b). Disponível em: <http://daccess-dds--ny.un.org/doc/UNDOC/GEN/N01/708/55/PDF/N0170855.pdf?OpenElement>. Acesso em: 15 maio 2013.

_____. *Reunião 4692*. 27 jan. 2003a. Disponível em: <http://www.un.org/ga/search/view_doc.asp?symbol=S/PV.4692>. Acesso em: 15 mar. 2013.

_____. *Reunião 4701*. 5 fev. 2003b. Disponível em: <http://www.un.org/en/ga/search/view_doc.asp?symbol=S/PV.4701>. Acesso em: 15 mar. 2013.

_____. *Reunião 4707*. 14 fev. 2003c. Disponível em: <http://www.un.org/en/ga/search/view_doc.asp?symbol=S/PV.4707>. Acesso em: 15 mar. 2013.

_____. *Reunião 4714*. 7 mar. 2003d. Disponível em: <http://www.un.org/en/ga/search/view_doc.asp?symbol=S/PV.4714>. Acesso em: 15 mar. 2013.

DEBRIX, François. *Language, Agency, and Politics in a Constructed World*. Nova York: M. E. Sharp, 2003.

DERRIDA, Jacques. *De la Grammatologie*. Paris: Éditions de Minuit, 1967.

_____. *Margins of Philosophy*. Hertford (RU): The Harvester Press, 1982.

DOYLE, Michael W. Liberalism and world politics. *American Political Science Review*, Washington, DC: APSA, v.80, n.4, dez. 1986.

ESTADOS UNIDOS (EUA). *Petterns of Global Terrorism*. Departamento de Estado Norte-Americano, 2003.

FALK, Richard A. *The Costs of War*: International Law, the UN, and the World Order after Iraq. Nova York: Routledge, 2008.

FLOYD, Rita. Towards a consequentialist evaluation of security: bringing together the Copenhagen and the Welsh Schools of security studies. *Review of International Studies*, v.33, n.2, p.327-50, 2007.

_____. *Security and the Environment*: Securitisation Theory and US Environmental Security Policy. Cambridge: Cambridge University Press, 2010.

FOUCAULT, Michel. *Segurança, território, população*. São Paulo: Martins Fontes, 2008.

FREUND, Julien. *L'Essence du politique*. Paris: Sirey, 1965.

FUKUYAMA, Francis. The end of History?. *The National Interest*, 1989.

FUSER, Igor. *O petróleo e o envolvimento militar dos Estados Unidos no Golfo Pérsico (1945-2003)*. Dissertação – Programa de Pós-Graduação San Tiago Dantas. São Paulo, 2005.

GAD, Ulrik; PETERSEN, Karen. Concepts of politics in securitization studies. *Security Dialogue*, v.42, p.315-30, 2011.

GOULD, Harry. Constructvist International Relations Theory and the Semantics of Performative Language. In: DEBRIX, François (Org.). *Language, Agency, and Politics in a Constructed World*. Nova York: M. E. Sharp, 2003. p.50-65.

GREENSTOCK, Sir Jeremy. *Reunião 4625 do CSNU*. 17 out. 2002. Disponível em: <http://www.un.org/ga/search/view_doc.asp?symbol=S/PV.4625(Resumption3)>. Acesso em: 11 mar. 2013.

GUZZINI, Stefano. Security as a casual mechanism. *Security Dialogue*, v.42, p.329-43, 2011.

HANSEN, Lene. The little mermaid's silent security dilemma and the absence of gender in the Copenhagen School. *Millennium*, v. 29, p. 285-307, 2000.

_____. The politics of securitization and the Muhammad cartoon crisis: A post-structuralist perspective. *Security Dialogue*, v.42, p.357-71, 2011.

_____. Reconstructing desecuritisation: the normative-political in the Copenhagen School and directions for how to apply it. *Review of International Studies*, v. 38, n.3, p.525-46, 2012.

HARDT, Michael; NEGRI, Antonio. *Império*. Rio de Janeiro: Record, 2006.

HIGH, Brandon. The recent historiography of American neoconservatism. *The Historical Journal*, v.52, n.2, p.475-91, maio 2009.

HOPF, Ted. The promise of constructivism in international relations theory. *International Security*, v.23, n.1, p. 171-200, 1998.

HUNTINGTON, Samuel. *O choque de civilizações e a recomposição da ordem mundial*. Rio de Janeiro: Objetiva, 1997.

HUYSMANS, Jef. Language and the mobilization of security expectations: the normative dilemma of speaking and writing security. *Redefining Security*, 1999.

_____. What's in an act? On security speech acts and little security nothings. *Security Dialogue*, v.42, p.371-85, 2011.

IVANOV, Igor. *Reunião 4714 do CSNU*. Disponível em: <http://www. un.org/ga/search/view_doc.asp?symbol=S/PV.4714>. Acesso em: 15 mar. 2013.

JERVIS, Robert. The compulsive empire. *Foreign Policy*, 2003.

JIAXUAN, Tang. *Reunião 4701 do CSNU*. Disponível em: <http://www. un.org/ga/search/view_doc.asp?symbol=S/PV.4701>. Acesso em: 15 mar. 2013.

_____. *Reunião 4714 do CSNU*. Disponível em: <http://www.un.org/ga/ search/view_doc.asp?symbol=S/PV.4714>. Acesso em: 15 mar. 2013.

KAGAN, Robert; KRISTOL, William. Toward a neo-reaganite foreign policy. *Foreign Affairs*, Nova York, v.5, n.4, p.18-32, jul.-ago. 1996.

_____. *Present Dangers*: Crisis and Opportunity in American Foreign and Defense Policy. San Francisco: Encounter Books, 2000.

KAGAN, Robert. The Benevolent Empire. Foreign Policy, Washington, DC: *Carnegie Endowment for International Peace*, n.111, p.24-35, verão 1998.

_____. Power and weakness. *Policy Review*, Hoover Institution, Stanford University, n.113, jun. 2002.

KAPLAN, Lawrence. Springtime for realism. *The New Republic*, Washington, DC, [s.n], 21 jun. 2004.

KAUFMANN, Chaim. Threat inflation and the failure of the marketplace of ideas: the selling of the Iraq war. *International Security*, v.29, n.1, p.5-48, verão 2004.

KISSINGER, Henry. *On China*. Nova York: Penguin, 2012.

KRAUTHAMMER, Charles. The unipolar moment revisited. *The National Interest*, The Nixon Center, Nova York, 22 dez. 2002.

_____. *Democratic Realism*: an American Foreign Policy for a Unipolar World. Washington, DC: The AEI Press, 2004.

KRISTOL, Irving. The emerging American imperium. *Wall Street Journal*, Nova York, 18 ago. 1997, p.A29.

KURECIC, Petar. The key aspects of neoconservative influence on the US foreign and defense policy during the first G. W. Bush administration. *Romanian Journal of Society & Politics*, v.11, n.1, p.93-120, jun. 2011.

LAVROV, Sergey. *Reunião 4625 do CSNU*. 17 out. 2002a. Disponível em: <http://www.un.org/ga/search/view_doc.asp?symbol=S/PV.4625(Resumption3)>. Acesso em: 11 mar. 2013.

_____. *Reunião 4644 do CSNU*. 8 nov. 2002b. Disponível em <http://www.un.org/ga/search/view_doc.asp?symbol=S/PV.4644>. Acesso em: 11 mar. 2013.

LAYNE, Christopher. Kant or Cant: the myth of the democratic peace. In: BROWN, Michael E. et al. *Theories of War and Peace*. Cambridge, MA: The MIT Press, v.17, n.4, p.5-51, primavera 1993.

LEITE, Lucas. *A construção do inimigo nos discursos presidenciais norte-americanos do pós-Guerra Fria*. Dissertação – Programa de Pós-Graduação San Tiago Dantas. São Paulo, 2013.

LÉONARD, Sarah; KAUNERT, Christian. Reconceptualizing the audience in securitization theory. In: BALZACQ, Thierry (Org.). *Securitization Theory*: How Security Problems Emerge and Dissolve. Nova York: Routledge, 2011. p.58-76.

LEVITTE, Jean-David. *Reunião 4625 do CSNU*. 17 out. 2002a. Disponível em: <http://www.un.org/ga/search/view_doc.asp?symbol=S/PV.4625(Resumption3)>. Acesso em: 11 mar. 2013.

_____. *Reunião 4644 do CSNU*. 8 nov. 2002b. Disponível em: <http://www.un.org/ga/search/view_doc.asp?symbol=S/PV.4644>. Acesso em: 11 mar. 2013.

MEARSHEIMER, John J. Hans Morgenthau and the Iraq war: realism versus neo-conservatism. *Open Democracy*, 18 maio 2005.

NEGROPONTE, John. *Reunião 4625 do CSNU*. 17 out. 2002a. Disponível em: <http://www.un.org/ga/search/view_doc.asp?symbol=S/PV.4625(Resumption3)>. Acesso em: 11 mar. 2013.

_____. *Reunião 4644 do CSNU*. 8 nov. 2002b. Disponível em: <http://www.un.org/ga/search/view_doc.asp?symbol=S/PV.4644> Acesso em: 11 mar. 2013.

OTAN. *Carta do Tratado do Atlântico Norte*, 1949. Disponível em: <http://www.nato.int/cps/en/natolive/official_texts_17120.htm>. Acesso em: 13 jun. 2013.

PECEQUILO, Cristina Soreanu. *A política externa dos Estados Unidos*. Porto Alegre: UFRGS, 2005.

PODHORETZ, Norman. Neoconservatism: a eulogy. *Commentary*, Nova York, AJC, v.101, n.3, p.19-27, mar. 1997.

RAI, Milan. *War Plan Iraq*: Ten Reasons against War on Iraq. Londres: Verso, 2002.

RUMSFELD, Donald. *Entrevista com Larry King na CNN*. 5 dec. 2001. Disponível em: <http://archive.defense.gov/Transcripts/Transcript.aspx?TranscriptID=2603>. Acesso em: 09 maio 2018.

SALTER, Mark. When securitization fails: the hard case of conter-terrorism programs. In: BALZACQ, T. (Org.). *Securitization Theory*: How Security Problems Emerge and Dissolve. Nova York: Routledge, 2011. p.116-31.

SCHMITT, Carl. *O conceito do político*. Petrópolis: Vozes, 1992.

STRAW, Jack. *Reunião 4707 do CSNU*. Disponível em: <http://www.un.org/ga/search/view_doc.asp?symbol=S/PV.4707>. Acesso em: 15 mar. 2013.

STRITZEL, Holger. Towards a Theory of Securitization: Copenhagen and Beyond. *European Journal of International Relations*, v.13, p.357-83, 2007.

_____. Security, the translation. *Security Dialogue*, v.42, p.343-57, 2011.

TAURECK, Rita. *Securitisation Theory – The Story So Far*: Theoretical Inheritance and What It Means to Be a Post-Structural Realist. Trabalho apresentado na 4ª Convenção da CEEISA, Universidade de Tartu, 25-27 jun. 2006.

TEIXEIRA, Carlos Gustavo Poggio. *O pensamento neoconservador em política externa nos Estados Unidos*. São Paulo: Editora Unesp, 2010.

TEIXEIRA, Tatiana. *Os* think tanks *norte-americanos e a sua fábrica de visões de mundo.* I Seminário Nacional Sociologia & Política, UFPR, 2009.

THE ECONOMIST. *Saddam Does It, again.* 5 nov. 1998. Disponível em: <http://www.economist.com/node/174978>. Acesso em: 21 jun. 2013.

THOPMSON, Bradley C.; BROOK, Yaron. *Neoconservatism*: An Obituary for an Idea. Boulder: Paradigm Publishers, 2010.

UNMOVIC. Disponível em: <http://www.unmovic.org/>. Acesso em: 22 jun. 2013.

VAÏSSE, Justin. *Neoconservatism*: The Biography of a Movement. Cambridge: Belknap Press, 2010.

VILLA, Rafael Antonio Duarte; SANTOS, Norma Breda dos. Buzan, Wæver e a Escola de Copenhague: tensões entre o realismo e a abordagem sociológica nos estudos de segurança internacional. In: *Clássicos das Relações Internacionais.* São Paulo: Hucitec, 2013.

VUORI, Juha. Illocutionary logic and strands of securitization: applying the theory of securitization to the study of non-democratic political orders. *European Journal of International Relations*, v.14, n.65, 2008.

WACQUANT, L. Esclarecer o habitus. *Educação & Linguagem*, v.10, n.16, jul.-dez. 2007.

_____. Seguindo Bourdieu no campo. *Revista Sociologia Política*, p.13-29, jun. 2006.

WÆVER, Ole. The ten works. *Tidsskriftet Politik*, v.7, n.4, 2004.

_____. Securitization and desecuritization. In: LIPSCHUTZ, R. D. *On Security.* Nova York: Columbia University Press, 1995.

_____. Politics, security, theory. *Security Dialogue*, v.42, p.465-82, 2011.

WALT, Stephen. Alliance Formation and the Balance of World Power. *International Security*, v.9, p.3-43, 1985.

WALTZ, Kenneth. *Teoria das relações internacionais.* Lisboa: Gradiva, 2002.

WILKINSON, Cai. The limits of spoken words. In: BALZACQ, T. (Org.). *Securitization Theory*: How Security Problems Emerge and Dissolve. Nova York: Routledge, 2011. p.94-115.

WILLIAMS, Michael. Words, images, enemies: securitization and international politics. *International Studies Quarterly*, v.47, p.511-31, 2003.

_____. What is the national interest? The neoconservative challenge in IR theory. *European Journal of International Relations*, v.11, n.3, 2005, p.307-37.

YISHAN, Zhang. *Reunião 4625 do CSNU*. 17 out. 2002. Disponível em: <http://www.un.org/ga/search/view_doc.asp?symbol=S/PV.4625(Resumption3)>. Acesso em: 11 mar. 2013.

SOBRE O LIVRO

Formato: 14 × 21 cm
Mancha: 23 × 38 paicas
Tipologia: Adobe Caslon Pro 10,5/14
Papel: Off-white 80 g/m² (miolo)
Cartão Supremo 250 g/m² (capa)

1ª edição Editora Unesp: 2018

EQUIPE DE REALIZAÇÃO

Edição de texto
Ricardo Inácio dos Santos (Copidesque)
Carmen T. S. Costa (Revisão)

Capa
Estúdio Bogari

Editoração eletrônica
Sergio Gzeschnik (Diagramação)

Assistência editorial
Alberto Bononi
Richard Sanches

Impresso por :

Graphium
gráfica e editora

Tel.:11 2769-9056